1分間英語で
How to Talk about Kyoto in One-minute English
京都を
案内する

広瀬 直子
Naoko Hirose

中経の文庫

はじめに

本書は、次のような読者の皆さんに向けて書いたものです。

① 外国人に京都を案内するので、そのための英語表現を覚えたい。
② 京都のトピックを用いて英会話力を高めたい。
③ 京都と英語が好き。

　ユネスコ世界遺産に登録された 17 の美しい観光地。洗練された味わいの京料理。粋を極めた伝統工芸……。京都出身の人もそうでない人も、日本人であれば、これらを自慢に思うことはあっても、恥ずかしいと思うことはないはず。世界にもっと知ってほしい「日本」なのではないでしょうか。

　私は、1968 年に生まれてからカナダに移住するまでの約 30 年間のほとんどを京都市の中心部で過ごしました。子どものころ、遊びに行く家が伝統的な町家建築だったり、呉服屋で友禅染のハギレをもらったり、近所の板前さんに「おやつ食べるか？」といただいたものが懐石料理の一品だったりしたものです。

　大学生になって英会話講師の仕事を始め、同じスクールで働いていた京都在住の英語ネイティブが京都の文化をどれだけ愛しているかを知るようになってからは、それらは国際的に貴重な文化資産なのだと実感しました。

　就職してからは、英文による京都・大阪観光情報誌の制作や、社寺の門前に立てられる木札の英語翻訳などを手がけるようになりました。生まれ育った文化を異文化の言葉で表現することは、新しい視点が加わることで、私にとっての京都の魅力は 2 倍にも 3 倍にも膨らんでいきました。

　本書は、このように私が外国人向けに京都を発信してきた経験をもとに書きました。京都在住の方も、京都外の方も、街の魅力をより多面的に知ることができると自負しています。

　もちろん語学書ですから、たとえ京都に行ったり、外国人を案内したりすることがなくても、効率的に楽しく英会話能力をアップで

きるように構成しています。京都をひとり旅したり、日本人の家族や友人と訪れたりする場合も、本書を利用しながら京都を歩くことで、体験型の英会話学習を実践していただけます。

　本書の英語は、暗記して会話にそのまま使える表現をめざしました。1項目、3段落を口に出して読んで約1分間。辞書を引く手間をできるだけ省くよう、中級以上の表現には説明を加え、意味をざっと確認するための和訳を入れました。またそれぞれの項目に英語案内に役立つアドバイスを盛り込みました。

　本書の英語監修者のひとりが、ケートリン・グリフィスさんです。彼女は小学生、中学生時代を関西で過ごし、大学生時代には京都大学に1年間留学していたという、話す・聞く・読む・書くすべてにおいて本物のバイリンガルです。

　グリフィスさんには、項目のピックアップでも多大なご協力をいただきました。ふたりで「京都という題材で日本人が英会話を勉強するなら、どんな構成や表現が一番いいと思う？」と話し合ったトロントの夜はとても有意義な時間でした。

　もうひとりの英文監修者、坂田晴彦さんは、幼少時代をカナダで過ごし、日本では東京大学で学士号と修士号を取得。就職のためにカナダに戻ってきたという、こちらもあらゆる意味で正真正銘のバイリンガルです。彼には、英文作りで的確なアドバイスの数々をいただきました。

　グリフィスさんと坂田さんには本書の英語をきれいな国際英語にまとめていただきました。ていねい、かつフレンドリーな英語であり、中学生ぐらいから年配の方まで、男女を問わず安心して覚えていただけるものとなっています。

　また、京都在住のライターとして活躍されている福島祐子さん、園木葉さん、南里実さんには、数多くの貴重な京都情報をいただきました。私事ですが、家族にも感謝しています。

2014年3月
カナダ、トロントにて
広瀬直子

本書の使い方

まずは好きなトピックのページを開いて和訳を見ずに英語で読んでみてください。どれぐらいイメージが湧いてきますか？ 食べ物のページなら、「おいしそう！」と思えたでしょうか？ 他の言語で京都に触れることで、日本語で触れるのとは違う角度の視点が加わり、より多面的に京都の文化の豊かさが見えてきます。ぜひ本書で、英語で京都を味わう楽しみを覚えてください。

下記は本書の使い方の具体例です。

1 外国人を英語で案内しながら京都を歩く

机上ではなく、実際に人を相手にコミュニケーションをとることで、英会話学習の効率はグンとアップします。出かける前に、該当項目の表現を覚えておくとよいでしょう。第1章『京都のトピック』などは、歩きながらの会話のネタとしてお使いください。覚えた英語を完璧に話せるようになる必要はありません。

2 本書を参考に「京都英語ウォーク」をする

五感を使えば、言葉や表現を効率的に覚えられます。各スポットで、該当部分の英語を読み、英語で京都を味わってみます。

3 英会話学習として本書を利用する

次ページのとおり、本書の英語表現を覚えて使ってください。

本書の英語表現の覚え方

●各項目は、「さわり」、「詳しく」、さらに「補足」の3つの段落に分かれています。意味または読みのわからない単語と表現は調べてください。

初級
●「さわり」の日本語訳をざっと確認してから英文を繰り返し音読します。日本語を見ないで、英語を音読しているだけで、意味がすっとわかるようになるまで英文を音読します。
●英文をセンテンスごとにそらで読んで、暗記してください。

中級
●日本語訳を見ないで「さわり」の英文を繰り返し音読します。
●英文をセンテンスごとにそらで読んで、暗記してください。
●同じことを「詳しく」で繰り返します。
●最後に日本語訳を読み、意味を誤解していた英語表現がないかを確認します。

上級
●日本語訳を見ないで「さわり」の英文を繰り返し音読します。
●英文をセンテンスごとにそらで読んで、暗記してください。
●同じことを「詳しく」「補足」でも繰り返します。
●最後に日本語訳を読み、意味を誤解していた英語表現がないかを確認します。

●覚えた英語表現はできるだけ早く、実生活の中で使ってください。ひとりごとでもかまいません。

本書の表記について

★母音を発音しない場合、アルファベットで表記しています。また、アクセントのある部分を太字にしています。例えば、talent は通常「タレント」とカタカナ表記されますが、本書の表記では【タレン t】です。この「t」は、「ト (to)」のように母音の「ウ」を発音しないためです。
★固有名詞を除く日本語ローマ字表記を斜体にしています。
★本文 (地図以外) の「○○寺 (じ)」は "○○ Temple"、「○○院 (いん)」は "○○-in Temple"、「△△神社」 "△△ Shrine" と表記しています。ただし、一般的に確立された表記がある場合、それを優先します。
★声に出して読む趣旨であるため、英文内の数字は括弧内にスペルを書き出しています。
★ローマ字は一般的に確立された表記を除き、ヘボン式を基準としています。ただし、長母音には長音記号を付けてありません。長母音には能楽の noh を除いて (yes/no の no と区別するため)、h を付けません。
★「ン」音は「n」で表記し、「m」で表記しません。
★英語は北米標準英語を基盤とし、つづりはアメリカ式とします。

Contents

はじめに　　　　　　　　　　　　　　　　　　　　　　　　　　2

本書の使い方　　　　　　　　　　　　　　　　　　　　　　　　4

第1章　京都のきほん　　　　　　　　　　　　　　　　　17

京都のきほん　The Basics　　　　　　　　　　　　　　　18
A city of tradition and advanced industry.
伝統と先端産業の街

古都　An Old Capital　　　　　　　　　　　　　　　　　20
A capital of 1,000 years.
千年の都

碁盤の目　Grid Pattern　　　　　　　　　　　　　　　　22
A grid pattern surrounded by mountains.
山に囲まれた碁盤の目

歩き方　How to Get Around　　　　　　　　　　　　　　24
The best way to discover the beauty of Kyoto is by walking.
京都の美しさを発見するには歩くのが一番

盆地の気候　Climate in a "Basin"　　　　　　　　　　　26
Muggy summers and chilly winters.
夏は蒸し暑く、冬は底冷えがする

神社仏閣　Shrines and Temples　　　　　　　　　　　　28
There are almost 3,000 shrines and temples.
3,000近い社寺がある

仏像の種類　The Types of Buddhist Statues　　　　　　30
There are four types of Buddhist statues.
4種類の仏像がある

うなぎの寝床　　Beds for Eels　　　　　　　　　　　　　　　　32
Traditional merchant buildings in Kyoto.
京都の商家の伝統的な建築

芸妓はんと舞妓はん　　Geiko and Maiko　　　　　　　　　　　34
Female performers of the traditional arts.
伝統芸の女性パフォーマー

旅館　　Ryokan Inns　　　　　　　　　　　　　　　　　　　　36
Enjoy traditional accommodation styles.
昔ながらの宿泊を堪能しよう

お茶屋と料亭　　Ochaya and Traditional Fine Restaurants　　38
Some do not accept first-time customers.
一見さんお断りの店も

ならわし　　The Customs of Kyoto　　　　　　　　　　　　　　40
There are some customs that are typical of Kyoto.
京都に典型的なならわしも

京都人　　Kyotoites　　　　　　　　　　　　　　　　　　　　42
People say it's hard to understand the true feelings of Kyotoites.
本音がわかりにくいと言われている

京ことば　　The Kyoto Dialect　　　　　　　　　　　　　　　　44
It's a soft, feminine dialect.
やわらかく、女性的なことば

京都のおもてなし　　Kyoto's Hospitality　　　　　　　　　　　46
A refined hospitality.
洗練されたおもてなしで知られています

Column「かなん」と「いけず」　　　　　　　　　　　　　　　48

第 2 章　京都の味　　　　　　　　　　　　　　　　　　49

京都の水　　Kyoto Water　　　　　　　　　　　　　　　　　　50
A mild-tasting water.
まろやかな味わいです

京野菜 Kyoto Vegetables — 52
Excellent vegetables full of taste.
味わい豊かな素晴らしい野菜

京懐石 Kyoto Kaiseki Course — 54
Seasonal ingredients are featured.
旬の素材が目玉

精進料理 Buddhist Vegetarian Cuisine — 56
You don't have to be a vegetarian to enjoy it.
ベジタリアンでなくても楽しめる

おばんざい Kyoto's Home Cooking — 58
Enjoy the local home cooking.
京都の家庭の味を

箱寿司 Hako Sushi — 60
Kansai's specialty sushi.
関西名物の寿司

鱧料理 Hamo Cuisine — 62
A difficult fish to cook!
調理の難しい魚

京漬物 Kyoto's Pickles — 64
Very popular throughout Japan.
日本全国で人気

生麩 Wet Wheat Gluten — 66
Simple, but healthy and delicious.
シンプル、ヘルシーで美味

豆腐 Tofu — 68
Indispensable for Kyoto cuisine.
京料理に絶対欠かせない

ゆば Yuba — 70
It was brought from China to Kyoto in the ninth century.
9世紀に中国から京都へもたらされた

京だし Kyoto Stock — 72
Konbu flavor is the key.
昆布味が主役

白みそ　White Miso　74
It's a sweeter and milder type of miso.
甘くてマイルドなみそ

七味と山椒　Shichimi and Sansho Spices　76
The spices for Kyoto cuisine.
京料理のスパイス

和菓子　Japanese Sweets　78
A taste that developed with the tea ceremony.
茶道とともに発展した

緑茶　Green Tea　80
The highest quality Japanese teas.
最高級の日本茶がある

日本酒　Sake　82
You will find great sake brewers.
名醸造所がある

Column 「〜はる」は英語でどない言わはんの？　84

第3章 京都の厳選ルート　85

おすすめルートマップ　86

京都駅　Kyoto Station　92
One of Japan's largest train stations.
日本最大級の駅

三十三間堂　Sanjusangen-do Temple　94
A temple with 1,000 Buddhist statues.
千体の仏さんに出合える

清水寺　Kiyomizu Temple　96
Please don't jump off the stage!
清水の舞台から飛び降りないように！

地主神社　Jishu Shrine　　　　　　　　　　　　　　　98
Pray for success in love.
恋の成功を祈ろう

金閣寺　Kinkaku Temple　　　　　　　　　　　　　100
It was the mountainside cottage of a *shogun*.
将軍の美しい山荘

龍安寺　Ryoan Temple　　　　　　　　　　　　　　102
It's open to your imagination.
自由に想像を巡らせて

銀閣寺　Ginkaku Temple　　　　　　　　　　　　　104
It represents the values of *wabi sabi*.
わびさびの美学へ

哲学の道　The Philosopher's Walk　　　　　　　　　106
How about a pleasant walk between sights?
観光の合い間の散策はいかが？

平安神宮　Heian Shrine　　　　　　　　　　　　　108
Replicas of the Old Imperial Palace.
平安京のレプリカが見られる

錦市場　Nishiki Market　　　　　　　　　　　　　　110
It's called "the Kitchen of Kyoto".
京の台所

先斗町・鴨川岸　Pontocho Street and the Kamo Riverbank　112
Enjoy the breeze from the Kamo River.
鴨川の風を楽しもう

祇園　The Gion Area　　　　　　　　　　　　　　　114
You can see some geisha!
舞妓さんに出会える

二条城　Nijo Castle　　　　　　　　　　　　　　　116
The finest architecture and artworks of Edo.
江戸時代の建築と芸術の粋

二条陣屋　Nijo Jinya House　　　　　　　　　　　118
Study the security tricks of 300 years ago.
300年前のセキュリティーのからくりを学ぼう

京都御苑　**The Kyoto Imperial Palace Gardens**　**120**
It was the home of Japanese emperors.
天皇の住まいだった

渡月橋　**Togetsu Bridge**　**122**
Enjoy a panoramic view of western Kyoto.
洛西のパノラマ景観を楽しもう

常寂光寺と落柿舎　**Jojakko Temple and Rakushisha**　**124**
Through a bamboo forest and into a world of *wabi sabi*.
竹林を抜けてわびさびの世界へ

三千院　**Sanzen-in Temple**　**126**
Enjoy the atmosphere of a farming town.
農村の雰囲気が残っている

寂光院　**Jakko-in Temple**　**128**
The temple of a tragic empress.
悲劇の皇后の寺

伏見稲荷大社　**Fushimi Inari Shrine**　**130**
Let's walk through thousands of *torii* gates.
千本鳥居をくぐろう

平等院　**Byodo-in Temple**　**132**
It's on the front of a ten-yen coin.
10円玉の表の絵

Column 京都のけったいなイベント　**134**

第 4 章　京都の行事　135

葵祭　**Aoi Festival**　**136**
You can see the people of the court from 1,000 years ago.
1,000年前の貴族に出会える

祇園祭　**Gion Festival**　**138**
One of the three major festivals of Japan.
日本三大祭のひとつ

五山の送り火　Bonfires on Five Mountains　　140
Letters of flame float in the sky.
文字が炎になって、空に浮かぶ

大覚寺の観月の夕べ　An Evening of Moon Viewing at Daikaku Temple　　142
Enjoy the full moon from a boat!
船に乗って月を愛でる

下鴨神社の流鏑馬神事　Horseback Archery at Shimogamo Shrine　　144
One of the most spectacular events in Kyoto.
京都でもっとも壮観な行事のひとつ

時代祭　Festival of the Eras　　146
A parade of classical fashion.
古典衣装のきらびやかな行列

鞍馬の火祭　The Fire Festival of Kurama　　148
One of Kyoto's strangest festivals.
京都三大「奇祭」のひとつ

嵐山もみじ祭　The Arashiyama Maple Festival　　150
Enjoy some traditional performances and beautiful red maples.
伝統芸能と紅葉を堪能できる

天神さん、弘法さん　Outdoor Flea Markets at Temples　　152
Outdoor antique flea markets.
骨董品のあふれる野外のみの市

能と狂言　Noh and Kyogen Theater　　154
Japan's oldest theatrical art.
日本最古の舞台芸術

Column 関西人とイギリス人とカナダ人　　156

第5章　京都を体験　　157

友禅染　Yuzen Dyeing　　158
Let's create our own Yuzen cloth.
自分だけの友禅を

西陣織 Nishijin Textiles　　160
Let's hand-weave Kyoto textiles.
手織りに挑戦

清水焼 Kiyomizu Pottery　　162
Let's make Kiyomizu pottery.
清水焼の器づくりにチャレンジ

茶の湯 Attending a Tea Ceremony　　164
Let's attend a tea ceremony.
茶会に参加してみよう

華道 Japanese Flower Arrangement　　166
Let's try a traditional way of arranging cut flowers.
切り花を生ける伝統技法

座禅 Zazen　　168
Let's practice Zen meditation.
座禅を組んでみよう

尼僧体験 Buddhist Nun Experience　　170
Let's experience being a Buddhist nun.
仏教の尼僧一日体験

保津川下り Sailing down the Hozu River　　172
Let's have a go at whitewater rafting.
洛西で急流下りにトライ

鞍馬の温泉 The Hot Springs in Kurama　　174
Let's take a dip and enjoy the scenic beauty.
美景を楽しみながらひと風呂浴びる

貴船神社の水占みくじ
Water Fortune Telling at Kibune Shrine　　176
Let's see our fortune.
運勢を見てみよう

Column「ぶぶ漬け、おあがりやすか」 178

第 6 章 京都のおみやげ　　　179

和服 Kimono　　　180
The traditional ethnic dress.
伝統的な民族衣装

風呂敷 Furoshiki, the Japanese Carrying Cloth　　　182
A versatile carrying bag.
多目的用途のバッグ

陶磁器 Earthenware and Porcelain Products　　　184
There are many famous studios.
有名な工房がたくさんある

漆器 Lacquerware　　　186
Elegant, but strong.
優美で、丈夫

扇子 Folding Fans　　　188
Products of fine art.
一級美術品もある

お香 Incense　　　190
How about taking home a fragrance of Kyoto?
京都の香りをもって帰ろう

竹細工 Bamboo Crafts　　　192
Add a touch of Japan to your home.
家に和風の飾りはいかが？

骨董品 Antiques　　　194
Maybe you'll find a hidden treasure.
貴重な掘り出し物が見つかるかも

和紙 Japanese Paper　　　196
It uses less chemicals than Western paper.
洋紙ほど化学薬品を使わない

お守り　Good Luck Charms　　　　　　　　　　　　　　198
There are many kinds to bring you good luck.
幸運をもたらす、さまざまな種類がある

藍染　Indigo dyeing　　　　　　　　　　　　　　　　200
It becomes more beautiful with use.
使えば使うほど、美しくなる

Column 古い町・京都、若い国・カナダ　　　　　　　202

日本語から引く英語表現　　　　　　　　　　　　　203

本文デザイン＝矢部あずさ
本文イラスト＝ツダタバサ

本書は2008年10月にKADOKAWA中経出版から刊行された『1分間英語で京都を案内できる本』を文庫収録にあたり改題し、新編集したものです。

第1章 京都のきほん

京都のきほん

\\ 英語で言ってみよう //

A city of tradition and advanced industry.

さわり
Kyoto is an old capital of Japan. You will find many old and beautiful buildings in Kyoto, including 17 (seventeen) sites that have the UNESCO World Heritage designation. Also, there are rich traditional industries.

詳しく
Kyoto is also a big, modern city. Its population is about one and a half million. Global high-tech corporations such as Nintendo and Kyocera have their headquarters in Kyoto.

補足
Kyoto is also a city of academics. It is home to about 40 (forty) universities and colleges. Some of these, such as Kyoto University, are among the best known in Japan.

覚えて
おきたい
語句・表現

including...　「…を含め」
world heritage　「世界遺産」【ワー ldヘリティッジ】
designation　「指定」【デズィ gネイシャ n】
headquarters　「本社」【ヘ dkウォーター z】
A is（are）home to B　「AにはBが所在する」
A is（are）among the best known　「Aは最も有名なもののひとつ」

The Basics

\\\\　　**日本語で確認**　　//

伝統と先端産業の街

さわり
京都は日本の古都です。ユネスコ世界遺産に指定されている 17 の史跡をはじめとする、数多くの古くて美しい建物があります。豊かな伝統産業もあります。

詳しく
京都は近代的な大都市でもあります。京都市の人口は約 150 万人です。任天堂や京セラなど、グローバルなハイテク企業の本社もあります。

補足
また、約 40 の大学と短大を擁する学術の街です。これらの中には、京都大学をはじめ、日本で最も有名な大学もあります。

第1章　京都のきほん

＋ キーワード ＆ ワンポイントアドバイス

外国人が Kyoyo という言葉を聞いたとき、3 通りの反応があるように思います。① Tokyo? という人（ほとんど日本のことを知らない）。② Oh, Kyoto...（名前を聞いたことはある）。③ It's a beautiful city!（行ったことがあるかよく知っている）。本書の目的のひとつは、読者のみなさんに英語による京都情報の発信方法を習得していただき、上記の③レベルの人を世界に増やすことです。

古都

\\ 英語で言ってみよう //

A capital of 1,000 years.

さわり Kyoto became the capital of Japan in the 8th (eighth) century. The emperors lived here until the 19th (nineteenth) century. So, you can say that Kyoto is a capital of 1,000 (one thousand) years.

詳しく Kyoto was not severely damaged for bombing during the Second World War. That's why you can still see many charming traditional buildings and artwork in the city.

補足 Kyoto is a sister city of many historical cities around the world, such as Paris, Florence, Cologne, Prague, Boston, and Xian.

覚えておきたい 語句・表現

bombing 「爆撃」【ボミンg】
the Second World War 「第二次世界大戦」
That's why [sv]: (前の文を受けて)「それが理由で [sv]」
＊ [sv] は主語と動詞をもつ節。
Florence (イタリアの)「フィレンツェ」【f ローレン s】
Cologne (ドイツの)「ケルン」【コロウン】＊英語発音に注意。
Prague (チェコの)「プラハ」【ブラーg】＊英語発音に注意。
Xian (中国の)「西安」【シーアーン】

An Old Capital

\\\\　　日本語で確認　　//

千年の都

さわり　京都は8世紀に日本の首都になりました。歴代の天皇は、19世紀まで京都に住んでいました。ですから京都は千年の都と呼ぶことができるわけです。

詳しく　第二次世界大戦中、京都では爆撃による被害はあまり重大ではありませんでした。そのため、今でも数多くの美しい古い建物や芸術品が街じゅうにあるのです。

補足　京都は、パリ、フィレンツェ、ケルン、プラハ、ボストン、西安など世界の歴史都市の姉妹都市です。

第1章　京都のきほん

➕ キーワード ＆ ワンポイントアドバイス

　京都の歴史の豊かさを簡潔に伝えたいときに使えるネタがふたつあります。ひとつは、"A capital of 1,000 years"（千年の都）という言葉。実際には1,100年弱ですが、1,000 years はわかりやすく印象的な表現です。
　そしてもうひとつが、世界の姉妹都市の名を挙げること。いずれも歴史と文化が豊かな都市であり、共通点をもつ京都の特徴を短く伝えることができます。

碁盤の目

\\ 英語で言ってみよう //

A grid pattern surrounded by mountains.

さわり Kyoto is located in the west-central part of mainland Japan. It is directly north of Osaka, and is about 500 (five hundred) kilometers west of Tokyo.

詳しく The city is surrounded by mountains. The law in Kyoto restricts the height of buildings, so you can see the mountains from many parts of the city.

補足 When Kyoto was built as a capital in the 8th (eighth) century, the streets were laid out in a grid pattern modeled after Chang'an, which is the present-day Xian. This is why it is easy to get around in Kyoto.

覚えて
おきたい
語句・表現

grid pattern 「碁盤の目模様」
mainland 「本州」＊Honshu とそのまま表記する場合も。
A is (are) surrounded by B 「A は B に囲まれている」
A that lead(s) to B 「B につながっている A」
laid out ＞ lay out 「配置する」
Chang'an 「長安」【チャンアーn】
get around 「まわる」

22

Grid Pattern

>> 日本語で確認 <<

山に囲まれた碁盤の目

さわり
京都は日本の本州の中西部に位置しています。大阪の北に隣接し、東京から西へ約500キロメートルのところにあります。

詳しく
街は山に囲まれています。京都の条例では建物の高さが規制されていますので、街のさまざまな場所から山を望むことができます。

補足
8世紀に京都が都として建設された際、通りは、現在の西安である中国の長安に倣って碁盤の目に作られました。そのため、京都は簡単に巡ることができます。

➕ キーワード ＆ ワンポイントアドバイス

外国人がよく評価するのは、町の中心に川が流れ、超高層ビルの建設が規制されているためにあらゆる場所から山が見える点です。遠くに山を、近くに街の風景を望みながらの賀茂・鴨川岸散策は、変わりゆく光景がきれいで京都の地理が実感しやすいためおすすめです（89ページのマップ参照）。

歩き方

\\ 英語で言ってみよう //

The best way to discover the beauty of Kyoto is by walking.

さわり　Located in the south part of the city, Kyoto Station is the starting point for many visitors to Kyoto.

詳しく　The size of the City of Kyoto is about 800 (eight hundred) square kilometers. The distance from Kyoto Station to the northern edge of central Kyoto, is a little more than eight kilometers.

補足　The most efficient way to get around in Kyoto is to combine bus, subway and taxi. But let's walk as much as we can. It's the best way to discover the beauty of Kyoto.

覚えておきたい語句・表現

discover　「発見する」
square kilometers　「平方キロメートル」【sk ウェアキロミーター z】＊kilometer は地方や人によって、アクセントの位置は ki と lo の両方。
distance　「距離」
A, which is at the northern edge　「北端に位置する A」
efficient　「効率的な」【イフィシャン t】
as much as we can　「できるだけ」

How to Get Around

日本語で確認

京都の美しさを発見するには歩くのが一番

第1章 京都のきほん

さわり
京都への訪問者の多くにとっては、町の南方に位置する京都駅がスタート地点になります。

詳しく
京都市の面積は約800平方キロメートル。京都駅から、市街地の北端への距離は8キロメートルを少し超える程度です。

補足
京都を一番効率的に巡る方法は、バス、地下鉄、タクシーを組み合わせることです。しかし、できるだけ歩きましょう。京都の美しさを発見する一番の方法は歩くことなのです。

キーワード & ワンポイントアドバイス

歩いてみると、車では見逃すような場所や物との出会いがあります。静かに佇む老舗の和菓子屋を見つけたり、地味な立て札をなんとなく読んでみると、日本の重大な歴史イベントの起こった場所であったり……。京都は歩くことで新たな発見が豊かにある町です。まだ自動車のない時代に発展した当時の建物の配置が東京や大阪よりも残っていて、それは歩いたり、籠に乗ったりする人のスピードに合わせたものだったからです。

25

盆地の気候

\\\\ 英語で言ってみよう //

Muggy summers and chilly winters.

> さわり

Spring and fall in Kyoto are very pleasant and enjoyable, but summer and winter can be uncomfortable. This is because the city is surrounded by mountains and is shaped like a basin.

> 詳しく

In summer the air gets very humid. In the daytime the temperature often goes over 30 (thirty) degrees Celsius. In winter it is damp and cold, making it feel chilly to your bones.

> 補足

The average summer temperature in Kyoto is about one degree higher than in Tokyo. In winter, it is about one degree lower.

覚えて
おきたい
語句・表現

muggy 「蒸し暑い」
A is (are) shaped like a basin 「A は盆地形である」
＊ basin は「たらい、洗面器」の意味。【ベイスン】
A degrees Celsius 「摂氏 A 度」【セ l スィア s】
damp and cold 「(湿気のために) ジメジメと寒い」
chilly to your bones 「底冷えがする」

Climate in a "Basin"

\\\\ 日本語で確認 //

夏は蒸し暑く、冬は底冷えがする

さわり
京都の春と秋はとても快適で楽しめますが、夏と冬は不快なこともあります。これは、町が山に囲まれていて盆地であることが理由です。

詳しく
夏は、湿度が非常に高くなります。日中の温度が摂氏30度を超えることも多いです。冬はジメジメして寒いので、底冷えがします。

補足
京都の夏の平均気温は東京より1度ほど高く、冬は1度ほど低いのです。

＋ キーワード ＆ ワンポイントアドバイス

京都に住んだことのあるカナダ人が「京都の冬は寒いからいやだ」と言っていました。ジリジリと底冷えする京都の寒さとは違って、カナダの冬は空気が乾燥しているため屋内に入ると体がすぐに温まり、家はセントラルヒーティングで常に暖かく保たれているのです。冬に京都を案内する場合、You might find it colder than you think.（思っているより寒いかもしれません）とアドバイスしましょう。

神社仏閣

\\\\ 英語で言ってみよう //

There are almost 3,000 shrines and temples.

さわり Kyoto Prefecture has about 400 (four hundred) Shinto shrines and about 2,500 (two thousand five hundred) Buddhist temples, both small and large.

詳しく Visitors go to the famous shrines and temples to enjoy the beautiful scenery of the buildings and gardens. People of any religious background can enjoy sightseeing at the shrines and temples, and there is usually no strict dress code.

補足 Since the 6th (sixth) century, Shinto and Buddhism have been coexisting in Japan. That's why you see both of these throughout the country.

覚えて
おきたい
語句・表現

shrine 「神社」【sh ライン】
temple 「(仏教などの) 寺院」
Buddhist 「仏教の」【ブーディ st】
religious 「宗教の」【リリジャ s】
Buddhism 「仏教」【ブーディ zm】
coexisting > coexist 「共存する」
throughout A 「A 全体で」

28

Shrines and Temples

\\\\　　**日本語で確認**　//

3,000 近い社寺がある

さわり
京都には、約 400 の神社と約 2,500 の仏教の寺院があり、ともに大小さまざまです。
（注）神社と寺院の数は総務省の調査（平成 26 年）による

詳しく
有名な神社と寺院への訪問者は、建物や庭園の美しい眺めを楽しみます。どんな宗教の人であっても男女ともにこういった場所で観光を楽しめます。通常、厳しい服装制限はありません。

補足
6 世紀以来、日本では神道と仏教が共存してきました。そのため、日本全国に神社と寺院の両方があるんです。

第 1 章　京都のきほん

✚ キーワード ＆ ワンポイントアドバイス

日本では、異なる宗教（のはず）である仏教と神道が共存している点に、キリスト教やイスラム教の人は関心を示すことが多いので、これについては本文第 3 段落のように説明することもできます。

仏像の種類

\\ 英語で言ってみよう //

There are four types of Buddhist statues.

さわり When you are sight-seeing in Kyoto, you will see many Buddhist statues. These religious statues are also works of art and some of them have received National Treasure or Important Cultural Asset designation.

詳しく There are roughly four types of Buddhist statues: *nyorai*, *bosatsu*, *myo-o* and *tenbu*. *Nyorai* is the most famous, and is mainly modeled after Buddha. Bosatsu is a trainee who seeks to be enlightened.

補足 *Myo-o* is the one with the angry face and fire. *Tenbu* is the guardian of Buddhism and protects the *nyorai* and *bosatsu*.

覚えて おきたい 語句・表現

Buddhist statues 「仏像」
roughly 「おおまかに」
Buddha 「釈迦」
trainee 「修行者」
enlightened > enlighten 「悟る」
「[v] を求める A」A は通常人物。[v] には動詞の原形。

The Types of Buddhist Statues

\\\\　　日本語で確認　　//

4種類の仏像がある

さわり
京都を観光すると、たくさんの仏像を見ることになります。宗教的な像ですが、芸術品でもあり、そのいくつかが国宝または重要文化財に指定されています。

詳しく
仏像は主に4種類に分けることができます。如来、菩薩、明王、天部です。如来は一番有名な像で、主に釈迦をモデルにしています。菩薩は、悟りを求める修行者です。

補足
怒った顔で、炎を背負っているのは明王です。天部は仏教を守護する神々で、如来や菩薩を守ります。

第1章　京都のきほん

➕ キーワード & ワンポイントアドバイス

　京都案内のキーワードの中に、UNESCO World Heritage に加えて、National Treasure（国宝）、Important Cultural Asset（重要文化財）があります。「人間国宝」は Living National Treasure です。
　敬虔なキリスト教徒やイスラム教徒の人は寺院へのお参りに抵抗を示すかもしれません。その場合、無理に案内することはもちろん避けるべきですが、It's okay to visit Buddhist temples and enjoy the statues as works of art. You don't have to pray.（お寺に行って芸術品として見ていただければ結構ですよ。拝む必要はありません）と説明してもいいでしょう。

うなぎの寝床

\\ 英語で言ってみよう //

Traditional merchant buildings in Kyoto.

さわり

Machiya is a traditional wooden architecture style that can be seen in central Kyoto. The *machiya* layout allows people to live their daily lives and operate their businesses in the same building.

詳しく

Because of their long and narrow shapes, the *machiya* houses are nicknamed "beds for eels." Usually, the front windows are covered by wooden lattices and there are Japanese courtyards in the middle.

補足

Some *machiya* have been converted into restaurants, cafes, or bed and breakfasts for visitors to enjoy.

覚えて
おきたい
語句・表現

wooden architecture style 「木造建築様式」【アーキテ k チャ】
A that can be seen in B 「B で見ることのできる A」
A allow (s) B to [v] 「A は B に [v] することを許す」
operate 「営む」
lattice 「格子」【ラティ s】
courtyard 「中庭」
convert 「変換する」

Beds for Eels

日本語で確認

京都の商家の伝統的な建築

さわり 町家とは、京都の街なかで見られる伝統的な木造建築様式のことです。住人が同じ建物内で、日常生活と商売の両方を営むことができるような間取りになっています。

詳しく 町家は奥行きが深く、幅が狭いため、「うなぎの寝床」という愛称が付けられています。通常、表の窓には木製の格子が施され、中央部に和式の中庭があります。

補足 町家の中には、改築され、レストラン、カフェ、(朝食付きの) 民宿などに変身したものがあり、訪問客を楽しませてくれます。

第1章 京都のきほん

＋ キーワード ＆ ワンポイントアドバイス

Step *tansu*（階段箪笥）、wooden lattice（木の格子）、stone lantern（石の灯篭）は西洋で大人気のインテリアアイテムですが、西洋では飾り用。You can see how they were originally used.「これらの本来の使われ方を見ることができます」と説明するといいでしょう。

芸妓はんと舞妓はん

\\ 英語で言ってみよう //

Female performers of the traditional arts.

さわり The *geiko* are traditional female entertainers. They perform classical arts like dance and music in shows and in banquets. You might see *geiko* in the Gion district of Kyoto.

詳しく The *geiko* start out as a trainee. In Kyoto, the trainees are called *maiko*. You can tell a *maiko* from a full *geiko* by the length of the sash she wears on her *kimono*. The *maiko* wears a long, hanging sash and a full *geiko* wears a short one.

補足 Most authentic *geiko* are in Kyoto or Tokyo. These *geiko* start training full-time in their teens.

覚えて
おきたい
語句・表現

classical arts ＊ここでは日本の「伝統芸能」の意味
banquet 「宴会」【バンｋウェｔ】
A start(s) out as B 「AはBとしてスタートする」
sash 「帯」
authentic 「本格的な」【アセンティｋ】
in their teens 「十代で」

Geiko and Maiko

\\\ 日本語で確認 ///

伝統芸の女性パフォーマー

さわり 芸妓は伝統的な女性エンターテイナーです。舞台や宴会でおどりや音楽といった古典芸能を披露します。京都の祇園では芸妓を見かけることができるかもしれません。

詳しく 芸妓は見習いとして訓練を開始します。京都では見習いは「舞妓」と呼ばれています。舞妓と一人前の芸妓の違いは着物の上に巻いている帯の長さを見ればわかります。舞妓はだらりの帯を、芸妓は短い帯を巻いているからです。

補足 本格的な芸妓はほとんど、京都か東京にいます。彼女らは、10代からフルタイムで訓練を始めます。

第1章 京都のきほん

＋ キーワード ＆ ワンポイントアドバイス

キーワードは entertainer（エンターテイナー）と perfermer of the traditional arts（伝統芸のパフォーマー）。外国では芸妓、舞妓を両方 geisha と呼ぶことが多いのですが、それについては、In Japan, the professional performers are not usually called that way.（日本では、通常プロのパフォーマーをそう呼ぶことはありません。）と伝えましょう。

旅館

\\ 英語で言ってみよう //

Enjoy traditional accommodation styles.

In Kyoto, you have a wide selection for accommodation styles, but the *ryokan* is perhaps the most popular choice. Many Japanese and foreigners dream of staying at Kyoto's classy *ryokan*.

Many of the high-end *ryokan* are old wooden buildings with beautiful *tatami* rooms and Japanese gardens. You will enjoy *kaiseki* course meals served in the famous Kiyomizu ceramics.

In a *machiya* bed and breakfast, you will enjoy the atmosphere of an old downtown house. You also have the choice of staying at a temple lodge. The package often includes a *shojin* meal and a *zazen* session.

覚えて
おきたい
語句・表現

accommodation 「宿泊」
classy, high-end 「高級な」
A served in B 「Bで提供されるA」
temple lodge 「(お寺の) 宿坊」
atmosphere 「雰囲気」【アtマsフィア】

Ryokan Inns

\\\ 日本語で確認 ///

昔ながらの宿泊を堪能しよう

さわり 京都には、幅広い宿泊の選択肢があります。一番人気があるのは、おそらく旅館です。京都の高級旅館での宿泊は、多くの日本人と外国人の憧れです。

詳しく 高級旅館の多くは古い木造建築であり、美しい畳の部屋や日本庭園があります。有名な清水焼の器で出される懐石料理も味わえます。

補足 また町家の民宿では、京都の町なかの古い家の雰囲気を楽しめます。お寺の宿坊に泊まる手もあります。多くの場合、精進料理や座禅がセットになっています。

第1章 京都のきほん

➕ キーワード ＆ ワンポイントアドバイス

江戸時代創業で、世界の著名人が滞在してきたという、柊家や俵屋などの老舗高級旅館での宿泊は京都人も憧れます。これらの旅館の前を通りかかったら英語圏の有名人を持ち出して、People like Charlie Chaplin and the Rockefellers stayed in these places.（チャーリー・チャップリンやロックフェラー一族が宿泊しました）と話してみましょう。

お茶屋と料亭

\\ 英語で言ってみよう //

Some do not accept first-time customers.

さわり You will find a great variety of restaurants and bars in Kyoto. There are good Japanese and international foods at reasonable prices all across town.

詳しく You will also find very expensive restaurants and bars. Many locals have never been to these places. These places don't accept customers easily.

補足 Kyoto's *ochaya*, where *geisha* entertain guests, and some high-end restaurants have the rule that they do not accept first-time customers. This means you can go only by referral. This is because they want to take good care of the repeat customers.

覚えて
おきたい
語句・表現

a great variety of 「幅広いバラエティーの」【ヴァラヤティ】
all across town 「町じゅうどこでも」
A, where [sv] 「[sv] が行なわれる A」A は通常場所を指す。
a rule that [sv] 「[sv] であるというルール」
by referral 「紹介による」【リファラ リ】
take good care of 「大切にする」

Ochaya and Traditional Fine Restaurants

\\\\　　　日本語で確認　　//

一見(いちげん)さんお断りの店も

さわり
京都には、非常に多くの飲食店があります。おいしい和食や国際色豊かな料理が、京都の各地で手頃な価格で食べられます。

詳しく
また、とても高価な食事処やお酒を飲むところもあります。多くの地元の人もほとんど行ったことがないようなところです。こういった場所はお客さんを簡単に受け入れません。

補足
芸妓が客をもてなすお茶屋と、高級料亭のいくつかは、「一見さんお断り」をルールとしています。これは、紹介によってのみ行くことができるという意味です。常連のお客様を大切にするためです。

✚ キーワード ＆ ワンポイントアドバイス

京都への観光客が一度お茶屋に行ってみたい気持ちはわかりますが、潤沢な予算が必要です。ハリウッドのスターを案内しているのでなければ、You can still enjoy eating and drinking in Kyoto without going to these places!（こういった場所に行かなくても十分京都での飲食を楽しめますよ！）と話してみましょう。

ならわし

\\ 英語で言ってみよう //

There are some customs that are typical of Kyoto.

さわり: Many customs in Kyoto are the same as in the rest of Japan. But there are some customs, the religious ones in particular, that are more typical in Kyoto than in other areas.

詳しく: For example, there is a Buddhist event called Jizo-bon, or the Summer Buddhist Festival for Children. Children get together to pray and play in front of their local *jizo* statue. *Jizo* is a type of *bosatsu*, and it is said to protect children.

補足: Another example is Okera Mairi, or visiting Yasaka Shrine on New Year's eve through New Year's day.

覚えておきたい 語句・表現

typical 「典型的な」
A in ...is (are) the same as in B 「…のAはBのものと同じ」
in particular 「特に」
there are some A that are more typical in B 「Bにより典型的なAがある」
pray 「祈る」
A through B 「AからBにかけて」。＊期間のこと。

40

The Customs of Kyoto

\\\\　**日本語で確認**　//

京都に典型的なならわしも

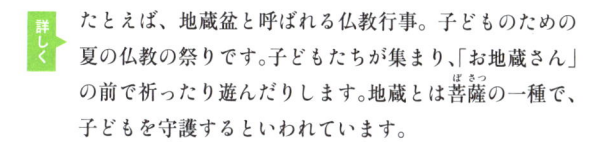

さわり　京都のならわしの多くは、日本全国のものと同じです。でも、特に宗教的なならわしで、京都に典型的なものがあります。

詳しく　たとえば、地蔵盆と呼ばれる仏教行事。子どものための夏の仏教の祭りです。子どもたちが集まり、「お地蔵さん」の前で祈ったり遊んだりします。地蔵とは菩薩（ぼさつ）の一種で、子どもを守護するといわれています。

補足　ほかには、をけら参りがあります。これは、大晦日（おおみそか）から元日にかけて、八坂神社にお参りするというものです。

第1章　京都のきほん

＋ キーワード ＆ ワンポイントアドバイス

　花街のならわし、伝統芸能界のならわし、仏教の各宗派のならわしなど「京都のならわし」と呼べるものを挙げ始めたらきりがありませんが、ここでは、一般人も経験する地蔵盆とをけら参りをとりあげました。一般人のならわしにはほかに、十三参り（visiting a temple to wish for wisdom at thirteen）や、白味噌のお雑煮（Kyoto's unique New Year's soup using white *miso*）を食べることなどがあります。

41

京都人

\\ 英語で言ってみよう //

People say it's hard to understand the true feelings of Kyotoites.

さわり Many Japanese people not born in Kyoto say that it's hard to know what people from Kyoto are really thinking. They think Kyotoites are indirect and hide their true feelings.

詳しく If this is true, it may be because Kyoto was the home of aristocrats for centuries. They had to be sensitive about what they say among the different aristocratic groups.

補足 Some people in Kyoto say that "true Kyotoites" are those whose families have lived in Kyoto for at least three generations. Others say the family tree must go back to the 16th (sixteenth) century!

覚えておきたい語句・表現

Japanese not born in Kyoto 「京都生まれでない日本人」
what people from Kyoto are really thinking 「京都人が本当に思っていること」
aristocrat 「貴族」【アリｓトｋラt】
aristocratic 「貴族の」【アリｓトｋラティｋ】
sensitive about what they say 「話すことに慎重な」
true Kyotoites 「生粋の京都人」【キョウトイッts】
those whose families have lived in A 「その家族がAに住んでいた人」

Kyotoites

\\\\　**日本語で確認**　//

本音がわかりにくいと言われている

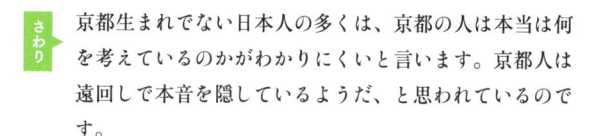

さわり 京都生まれでない日本人の多くは、京都の人は本当は何を考えているのかがわかりにくいと言います。京都人は遠回しで本音を隠しているようだ、と思われているのです。

詳しく それが本当なら、その理由は京都が何世紀もの間、貴族の住むところであったからかもしれません。貴族の派閥間で、自分が話すことに慎重である必要があったのです。

補足 京都では、「生粋の京都人」は、その家族が少なくとも過去3代にわたって京都に住んでいなければならないと言われることがあります。家系図が16世紀にまでさかのぼれないと生粋ではないとまで言う人もいます！

✚ キーワード ＆ ワンポイントアドバイス

ニューヨークの人は New Yorker、パリの人は Parisian【パリジャン】ですが、バンクーバーの人が Vancouverites【ヴァン**クー**ヴァリ ts】と呼ばれるように、地名に -ites を付けてその場所の人を指すことがあり、京都人は英語で、Kyotoites と呼ばれることがあります（ちなみに、東京の人は Tokyoites、大阪の人は Osakans）。

京ことば

\\\\ 英語で言ってみよう //

It's a soft, feminine dialect.

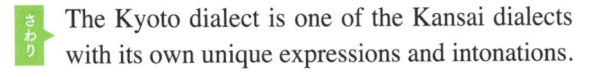

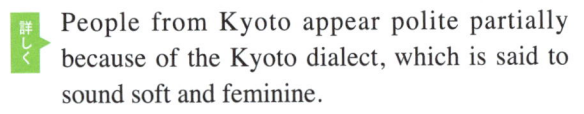

さわり The Kyoto dialect is one of the Kansai dialects with its own unique expressions and intonations.

詳しく People from Kyoto appear polite partially because of the Kyoto dialect, which is said to sound soft and feminine.

補足 For example, the polite "o" and "san" are used on many everyday words. "O" placed before a word shows respect for the listener. "San" placed after a word means something like Mr., Mrs., or Ms. In Kyoto you will hear people call a sweet potato *o-imo-san*. A direct translation of this could be, "Mr. Sweet Potato, with all my respect"!

覚えておきたい 語句・表現

dialect 「方言」【ダイアレ kt】
A appear(s) [a] 「Aは [a] のように見える」 [a] には形容詞が入る。
...partially because of A 「部分的にはAが理由で…である」
..., which is said to [v] 「(前の文を受けて) それは、[v] だと言われている」
A means something like B 「AはBのようなものを意味する」
direct translation 「直訳」

The Kyoto Dialect

\\\\　　**日本語で確認**　//

やわらかく、女性的なことば

さわり　京ことばは関西弁のひとつですが、独自の表現やイントネーションもあります。

詳しく　京都の人がていねいな感じがするのは、やわらかく、女性的に聞こえると言われる京ことばが理由でもあります。

補足　たとえば、「お」と「さん」が、多くの日常語に使われます。単語の前に「お」を付けると、聞き手に敬意を表します。単語の後に「さん」と付けるのは、Mr. や Mrs. や Ms. で呼ぶようなものです。京都の人がさつまいものことを「おいもさん」と呼んでいるのを聞くことがあるでしょう。それを直訳すると "Mr. Sweet Potato, with all my respect" という英語になります！

第1章　京都のきほん

＋　キーワード ＆ ワンポイントアドバイス

　日本語の敬語を英語で説明するのは難しいものですが、京ことばとなるとなおさらです。京都にある筆者の実家の近所に住むおばさんは、犬の排泄物を「犬さんのうんちゃん」と言っていました。こんなものにまで「親しみ」（？）をこめて「ちゃん」を付けるという説明を英語でまじめにしようとすると、数ページの論文になりそうです。詳しい説明は専門家にまかせるとして、本文のように直訳してウケをねらってみませんか？

京都のおもてなし

\\ 英語で言ってみよう //

A refined hospitality.

さわり Perhaps the best examples of Kyoto's hospitality spirit can be found in the tea ceremony and in fine *kaiseki* restaurants.

詳しく Hosts take great care to welcome each guest. For example, they will sprinkle water at the entrance to symbolize the purity of the building. They will also have special seasonal displays of flowers and art in each room.

補足 You can experience Kyoto's hospitality formally or casually. Since the city has been welcoming travelers and tourists for more than 1,200 (one thousand two hundred) years, Kyotoites know the art of hospitality.

覚えておきたい 語句・表現

hospitality 「おもてなし、訪問者を歓迎すること」
refined 「洗練された」
A can be found in B 「A は B に見出すことができる」
A take(s) great care to [v] 「A は [v] するために、心を込める。細心の注意を払う」
sprinkle 「(水などを) 撒く、(こしょうなどを) かける」
art ＊1回目は「芸術」、2回目の文脈では「技」。

Kyoto's Hospitality

\\\ **日本語で確認** ///

洗練されたおもてなしで知られています

さわり 京都のおもてなし精神が最もよく現れているのは、おそらく茶の湯と料亭です。

詳しく 客を迎えるために、細心の注意が払われます。例えば、料亭では玄関に打ち水をして客を迎えます。これは、建物を清めたことを象徴しています。それぞれのお部屋には、季節の花が美しく生けられ、芸術品が飾られています。

補足 京都のおもてなしはフォーマルにもカジュアルに楽しむことができます。京都は1,200年以上にわたって多くの旅人を迎えてきた街なので、京都人はおもてなしの技を知っているのです。

第1章 京都のきほん

➕ キーワード ＆ ワンポイントアドバイス

　キーワードは、refined「洗練された」。茶道 tea ceremony、生け花 flower arrangement、懐石料理 kaiseki cuisine から町家の間取り machiya layout まで、京都のおもてなしについて語り始めると何冊もの本が書けるでしょう。「京都人は冷たそうに見えるかもしれないが、これは相手のプライバシーを尊重しているから」は、Kyotoites may seem cold, but it appears that way because they respect people's privacy.

column

「かなん」と「いけず」

 I don't like it.（嫌です）を「かなんわあ」、You're annoying.（不愉快です）を「いけずやなあ」と言う京都弁。ベールにくるむものの、言いたいことは言わせてもらう「手法」です。I don't like it. も You're annoying. も、笑顔で「はんなり」言えば「京風」になるかもしれませんが、「かなんわあ」や「いけずやなあ」の持つ「あなたが好きだけど怒ってる」というニュアンスを英語に「翻訳」するのは難しそうです。

 私は、標準語や英語に比べて京都弁が「遠回し」とは知らないまま、京都弁を使いながら育ちました。今になって思うに、それで損したことがあります。

 京都弁は、合理性とスピードが要求されるプロフェッショナルなビジネスに向きません。首都圏や英語圏の人と仕事をするようになってからも、無意識に私はまだ「京風」の話し方をしていたのでしょう。「で、結論は？」という反応を受けたことが何度かありました。発言者は「要点を話し合いましょう」と助けてくださっているのですが、若い頃は「ズケズケと言われたような気がするが、これは文化の違いか？」と傷ついたこともありました。

 しかし今は、京都弁、標準語、英語の間を、相手によって往来しながら、バランスをはかって話しているように思います。

第 2 章 京都の味

京都の水

\\ 英語で言ってみよう //

A mild-tasting water.

さわり
Kyoto's soft well water has contributed to the city's famous foods and drinks, such as *tofu*, tea, and *sake*. This underground water is low in minerals and it tastes pure and mild, and feels pleasant on the skin.

詳しく
Many of the city's old businesses and restaurants still have their own wells. Some temples and shrines have famous wells. Many people go to the famous wells to take home the special water for making tea at home.

補足
Kyoto has plenty of underground water. It is said that the underground water source in Kyoto is almost as large as Lake Biwa!

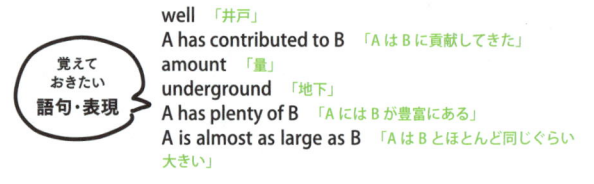

覚えておきたい語句・表現

well 「井戸」
A has contributed to B 「AはBに貢献してきた」
amount 「量」
underground 「地下」
A has plenty of B 「AにはBが豊富にある」
A is almost as large as B 「AはBとほとんど同じぐらい大きい」

Kyoto Water

\\\\ **日本語で確認** //

まろやかな味わいです

さわり
京都の井戸からとれる軟水は、豆腐、お茶、酒といった京名物の食べ物や飲み物にとって重要な役割を果たしてきました。京都の地下水に含まれるミネラルの量は少ないため、味は清らか、そしてまろやかで、肌ざわりもよいのです。

詳しく
今でも、老舗の多くに井戸があります。有名な井戸がある寺院、神社もあります。名水を汲みにいき、家に持ち帰ってお茶をいれる人もよくいます。

補足
京都の地下水は豊かで、その地下水源は琵琶湖の大きさにほぼ匹敵するといわれています。

第2章 京都の味

+ **キーワード ＆ ワンポイントアドバイス**

キーワードは、mild（まろやか）。英語でも水を「硬い、やわらかい」と区別し、「硬水」は hard water、「軟水」は soft water と呼びます。筆者の実家は、有名な井戸のある銭湯のとなりにあったので、京都の水で育ちましたが、今住んでいるトロントや関東の水では髪や肌が硬くなることに驚きました。

京野菜

\\\\ 英語で言ってみよう //

Excellent vegetables full of taste.

さわり
Vegetables such as Kamo eggplants and Kujo green onions are unique to Kyoto. They are usually named after places in Kyoto.

詳しく
Excellent vegetables full of taste developed in Kyoto because of the vegetarian *shojin* cuisine for the Buddhist priests and nuns. Being an inland city, it was also difficult to get fresh seafood.

補足
Kyoto vegetables are often shaped differently from common vegetables. The Kamo eggplant is ball-shaped and can be as large as a cantaloupe. Kujo green onions can grow to one meter long!

覚えて おきたい 語句・表現

vegetables 「野菜」【ヴェジタ blz】
A is unique to B 「A は B 独特のものである」【ユニー k】
a few dozen 「数十の」＊ dozen は 12。
A is named after B 「A は B にちなんで名づけられている」
inland 「内陸の」【インラン d】
ball-shaped 「球形の」【ボーlシェイ pt】
cantaloupe 「メロンの一種」【キャンタロウ p】

Kyoto Vegetables

\\\\　　日本語で確認　//

味わい豊かな素晴らしい野菜

さわり　京都には、賀茂なすや九条ねぎなど、独自の野菜があります。通常、京都の地名にちなんで名づけられています。

詳しく　味わいの豊かな高品質の野菜が京都で発達してきたのは、仏教の僧と尼僧が、菜食の精進料理を食してきたからです。また、京都は内陸の町であるため、新鮮な魚介類を調達するのが困難でした。

補足　京野菜の多くは、普通の野菜とは違う形をしています。賀茂ナスは球の形で、メロンぐらいの大きさになりえます。九条ネギには、1メートルまで育つものもあります！

第2章 京都の味

✚ **キーワード ＆ ワンポイントアドバイス**

キーワードは full of taste（味わい豊か）。肉や魚の代わりさえ務めてきたためか、京都の野菜は独自の味わいが豊かです。「京野菜は、うす味で調味されることが多いです」は、Kyoto vegetables are usually prepared with little seasoning。

京懐石

\\ 英語で言ってみよう //

Seasonal ingredients are featured.

さわり
Kaiseki is a Japanese multi-course meal. In particular, Kyoto *kaiseki* features the specialties of Kyoto.

詳しく
Kyoto *kaiseki* comprises several courses of Japanese delicacies such as *sashimi*, or sliced raw fish; grilled fish; and soup. In *kaiseki* there is no such thing as a main course. Seasonal ingredients are featured. The courses are presented beautifully in fine plates and bowls.

補足
Kyoto *kaiseki* started as a light meal served before a tea ceremony. The food culture was polished while serving aristocratic families.

覚えておきたい語句・表現

seasonal ingredients 「旬の素材」【インgリーディヤンt】
multi-course meal 「コース料理」＊a courseで1品を表す。
A comprise（s）B 「AはBから成る」
delicacy 「珍味」【デリカスィ】＊高級な食品を一般に指す。
there is no such thing as A 「Aなどというものはない」
fine plates and bowls 「高級な皿と椀」
while ...ing 「…しながら」

Kyoto Kaiseki Course

\\ 日本語で確認 //

旬の素材が目玉

さわり
懐石は、和式のコース料理です。特に京懐石は、京都の名物を目玉にしています。

詳しく
京懐石は、薄く切った生魚である刺身、焼物、吸物といった高級和食数品から成ります。懐石にメインディッシュというものはありません。旬の素材を盛り込んでいます。これらの品が、高級な皿や椀に美しく盛られます。

補足
京懐石の起源は、茶の湯の前に楽しむ軽食にさかのぼります。この食の文化は、貴族に出すものとして洗練されました。

✚ キーワード ＆ ワンポイントアドバイス

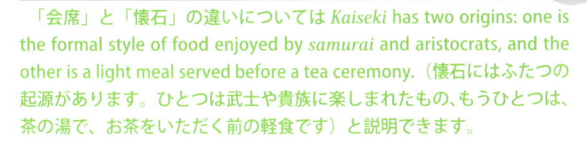

「会席」と「懐石」の違いについては Kaiseki has two origins: one is the formal style of food enjoyed by *samurai* and aristocrats, and the other is a light meal served before a tea ceremony.（懐石にはふたつの起源があります。ひとつは武士や貴族に楽しまれたもの、もうひとつは、茶の湯で、お茶をいただく前の軽食です）と説明できます。

精進料理
しょうじん

\\ 英語で言ってみよう //

You don't have to be a vegetarian to enjoy it.

さわり

Shojin cuisine is a special kind of vegetarian food for Buddhist priests and nuns. *Shojin* means "to advance the spirit," and in some Buddhist sects preparing and eating this type of food has been part of their spiritual training.

詳しく

Tofu is an important part of *shojin* cuisine because it provides protein. It is used in various forms: hot or cold, boiled or fried. Other dishes feature grains and Kyoto's seasonal vegetables. For seasoning, soy sauce, *miso*, and *yuzu*, a Japanese citrus fruit, are used often.

補足

In Kyoto, many temples and their nearby restaurants offer shojin meals to visitors.

覚えておきたい **語句・表現**

you don't have to be A to [v] 「（あなたは）Aでなくても [v] できる」
advance 「進める」
sect 「宗派」
spiritual training 「精神修行」
grain 「穀物」
seasoning 「味付け」

Buddhist Vegetarian Cuisine

\\\\　**日本語で確認**　//

ベジタリアンでなくても楽しめる

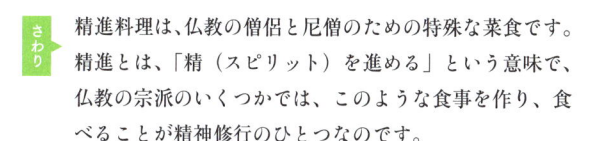

さわり
精進料理は、仏教の僧侶と尼僧のための特殊な菜食です。精進とは、「精（スピリット）を進める」という意味で、仏教の宗派のいくつかでは、このような食事を作り、食べることが精神修行のひとつなのです。

詳しく
たんぱく質を提供する豆腐は、精進料理の重要な材料です。温かいもの、冷たいもの、煮たもの、油で調理したものなど、さまざまな形で用いられます。ほかの品は穀物や京都の旬の野菜を盛り込んでいます。味付けには、しょうゆ、みそ、日本のかんきつ類である柚子がよく用いられます。

補足
京都の多くの寺と、近くの食事処で、観光客に精進料理が提供されます。

✚ キーワード ＆ ワンポイントアドバイス

菜食主義者でなくても、一度は食べてみたい京都の精進料理。英語で案内する世界各地のお客さまには、菜食主義や宗教的な理由があって肉や魚を食べない人もいらっしゃいますので、彼らにも楽しんでもらえる食事です。

第2章　京都の味

おばんざい

\\ 英語で言ってみよう //

Enjoy the local home cooking.

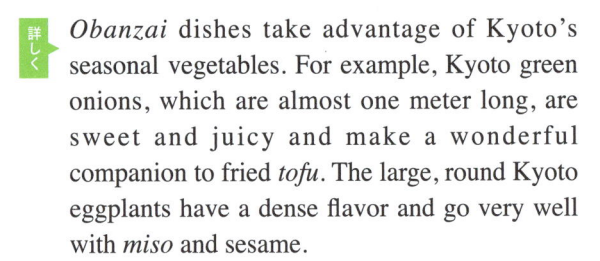

さわり
Obanzai is a Kyoto dialect for *sozai*, which means everyday foods that are served alongside rice.

詳しく
Obanzai dishes take advantage of Kyoto's seasonal vegetables. For example, Kyoto green onions, which are almost one meter long, are sweet and juicy and make a wonderful companion to fried *tofu*. The large, round Kyoto eggplants have a dense flavor and go very well with *miso* and sesame.

補足
You can enjoy *obanzai* in restaurants or buy takeout at delicatessens. Many locals do takeout when they're too busy to cook at home.

覚えておきたい 語句・表現

home cooking 「家庭料理」
take advantage of A 「Aを生かす」
A make(s) a wonderful companion to B 「AはBととても相性がいい」
dense 「濃厚な、重厚な」
delicatessen 「惣菜店」
A is (are) too busy to [v] 「Aは忙しすぎて[v]できない」

Kyoto's Home Cooking

\\\\　　日本語で確認　　//

京都の家庭の味を

さわり　「おばんざい」とは「惣菜」を表す京ことばで、ご飯といっしょに出される日常の食べ物のことです。

詳しく　おばんざいの料理は、京都の旬の野菜を生かしています。たとえば、1メートル近くもある京都の九条ネギは甘みがあってジューシーなので、豆腐と合わせた炒め物ととてもよく合います。丸くて大きい賀茂ナスは味が濃厚で、みそやゴマととても相性がいいです。

補足　おばんざいは、食事処で楽しんだり、おばんざい店から持ち帰りもできます。多くの地元民はよく、家で料理をする時間がないときに、おばんざい屋さんからテイクアウトするのです。

第2章　京都の味

＋ キーワード ＆ ワンポイントアドバイス

　「京料理」には高級なものだけでなく、普段着感覚のおばんざいもあるんですよ、と本文のように紹介しましょう。京都に大型スーパーが増え始めた 70 〜 80 年代まで、京都の商店街には、それぞれの特徴をもつ小さなおばんざい屋さんがいくつもあり、「○○店のおばちゃんはゆばを炊くのがうまい」などと言ったものです。「おばんざい屋さん」は、英語では delicatessen。

59

箱寿司

\\\\ 英語で言ってみよう //

Kansai's specialty sushi.

さわり The word *sushi* in Japan means a food made of seasoned rice with a topping. The type of *sushi* you know is probably the Tokyo style, which is a ball of seasoned rice topped with a slice of fish.

詳しく Another style of *sushi* called *hako sushi* is popular in the Kansai region. In this style, the seasoned rice and toppings are tightly pressed in a box. This way, the flavors of the toppings are transferred to the rice, adding a special tastiness.

補足 Popular *hako sushi* toppings are mackerel, shrimp, or eel. The ingredients of *hako sushi* are cooked or cured.

覚えておきたい語句・表現

seasoned rice 「味付けご飯」＊ここでは酢飯のこと。
A topped with B 「B を乗せた A」
tightly 「きつく、ぎゅっと」
A is (are) transferred to B 「A は B に移される」
special tastiness 「特別な旨味」
mackerel 「サバ」【マカレル】
cured 「保存加工した」

Hako Sushi

〟 **日本語で確認** 〟

関西名物の寿司

さわり 日本語の「寿司」という言葉は、酢飯にネタをのせたものを指すんです。すでにご存知の寿司はおそらく、江戸前だと思います。これは、酢飯を握って、魚の切り身を上にのせたものです。

詳しく 関西地方では、箱寿司と呼ばれる別種の寿司も人気です。この種の寿司では、酢飯とネタが箱にぎゅっと詰め込まれます。こうすることで、ネタの風味がご飯に移り、旨味が加わるんです。

補足 箱寿司の人気のネタは、サバ、エビ、ウナギです。ネタは加熱されているか、保存加工されています。

第2章 京都の味

✚ **キーワード ＆ ワンポイントアドバイス**

英語圏の人には、*sushi* とは生魚のことだと思っている人がいます。*Sashimi is sliced raw fish.*（生魚をスライスしたものは刺身）と話し、寿司は酢飯とネタを合わせたものであることを、本文のように説明しましょう。Tokyo style とは江戸前のこと。Edo という言葉にはピンとこない外国人も多いので、このように英訳します。

鱧料理
はも

英語で言ってみよう

A difficult fish to cook!

Hamo is a type of eel that is a summer food in Kyoto. *Hamo* cuisine developed in Kyoto because it was one of the rare fish that could stay alive while being transported from the sea to inland Kyoto.

Cooking *hamo* is difficult and you must be well-trained to be able to handle it properly. Some *hamo* are almost two meters and they are vicious. Chefs normally use a special *hamo* knife to chop the small bones for nice texture.

In Kyoto, people eat *hamo* boiled or grilled, with a plum sauce or a sauce made with vinegar and mustard.

覚えておきたい 語句・表現

transport 「輸送する」
inland 「内陸の」
well-trained 「十分な訓練を受けた」
handle 「手で取り扱う」
properly 「正しく」
vicious 「どう猛な」【ヴィシャ s】
texture 「食感」

Hamo Cuisine

\\\\　　日本語で確認　　//

調理の難しい魚

さわり
鱧はウナギの一種で、京都の夏の食べ物です。海から内陸の京都まで生きたまま輸送することのできる珍しい魚のひとつだったので、京都では鱧料理が発展しました。

詳しく
鱧の調理は難しく、正しく取り扱うには十分な訓練を受けていなければなりません。鱧は2メートル近くのものもあり、どう猛です。料理人は通常、鱧包丁を使い、小骨を切って食感のいい鱧料理を作ります。

補足
京都では、鱧を湯引きにしたり、蒲焼にして、梅肉や酢みそとからしみそで食べます。

✚ キーワード ＆ ワンポイントアドバイス

外国人を京都で料理店に案内した際、鱧が出され What's this? と聞かれて、A type of fish（魚の一種）としか言えなかったことがあります。夏の京料理では、鱧料理がよく登場します。そんなときに困らないための英語をここには書きました。ちなみに、鱧の英名のcongerは、ネイティブ・スピーカーでも普通は知らない単語なので *hamo* としました。

京漬物

\\ 英語で言ってみよう //

Very popular throughout Japan.

さわり Pickles are a part of the basic Japanese diet. The main difference between the Japanese and Western pickles is that the Japanese pickles often use rice bran and keep the original flavor of the vegetables.

詳しく Made using fresh, local vegetables, Kyoto-style pickles are very popular throughout Japan. They are often flavored with spices, herbs, and stock from fish and kelp.

補足 The Ohara area is famous for *shibazuke*, which are *shiso*-flavored pickles of cucumber and eggplant. Shibazuke was originally developed for an empress who had retired in Ohara back in the 12th (twelfth) century.

覚えて おきたい 語句・表現

the main difference between A and B is that [sv]
「AとBの主な違いは[sv]である」
rice bran 「ぬか」
made using A, B is（are）...
「BはAを用いて作られているが、（Bは）…」
back in the ...the century 「…世紀の昔」

Kyoto's Pickles

\\ 日本語で確認 //

日本全国で人気

さわり
漬物は、日本人の基本的な食生活の一部です。日本の漬物と西洋の漬物の主な違いは、日本の漬物にはぬかが用いられていることが多く、野菜の原料の味をそのままとどめていることです。

詳しく
新鮮な京野菜を用いて作られる京漬物は、日本全国でとても人気があります。多くの場合、香辛料、ハーブ、魚と昆布の出汁などで味付けされています。

補足
京都の大原は柴漬けで有名です。柴漬けとは、キュウリとナスの漬物で、シソで味付けしたもの。もともと、12世紀に大原に隠棲した皇后(建礼門院)のために作られたものです。

+ **キーワード ＆ ワンポイントアドバイス**

「外国人は漬物が苦手」というイメージがあるようですが、これは人または漬物にもよると思います。洋食にも pickles(ピクルス＝きゅうりの酢漬け)やドイツ由来のザワークラウトがあります。ただ日本の漬物は「ぬかくささが苦手」という人がいるかもしれません。

生麩
なまふ

\\\\ 英語で言ってみよう //

Simple, but healthy and delicious.

さわり *Namafu*, or wet wheat gluten, has a soft, chewy texture. It is served fresh, baked, or fried. The taste is very simple by itself, so it is often served with a *miso* sauce.

詳しく To make *namafu*, first mix some wheat with salt water. Then put the dough in a cloth bag and knead underwater. Finally, steam the dough and you will have *namafu*.

補足 Another popular way of serving *namafu* is as a dessert. It is often mixed with rice paste, sweetened with red bean paste, and made into the shapes of seasonal flowers.

覚えておきたい 語句・表現

- **wet wheat gluten** 「生麩」【g ルー t ン】
- **chewy** 「モチモチした」＊ガムのような食感に使う。
- **by itself** 「単独で」
- **dough** 「生地」【ドウ】＊固体に近いパンなどの生地。
- **knead** 「こねる」【ニー d】
- **underwater** 「水中で」
- **red bean paste** 「あんこ」

Wet Wheat Gluten

\\\\　　**日本語で確認**　　//

シンプル、ヘルシーで美味

さわり
水分を含んだ小麦のグルテンである生麩は柔らかくてモチモチした食感です。生麩、焼き麩、揚げ麩として食べられます。それ自体の味はとてもシンプルなので、みそ味のたれ付きで出されることが多いです。

詳しく
生麩を作るには、まず、小麦粉を塩水に混ぜます。そしてこの生地を布袋に入れ、水に浸してこねます。それから生地を蒸したものが生麩です。

補足
生麩はデザートとしても人気です。餅と合わせ、あんこで甘くし、季節の花の形に作られることもよくあります。

➕ キーワード ＆ ワンポイントアドバイス

It's a low-fat, high-protein health food.（低脂肪、高たんぱくの健康食です）と、豆腐以外にもこんなものがあるんです、と紹介することができます。追加情報として、Dried wheat gluten is popular throughout Japan.（焼き麩は日本全国で人気があります）とも話せます。

豆腐

\\ 英語で言ってみよう //

Indispensable for Kyoto cuisine.

さわり Kyoto is famous for high-quality *tofu*. *Tofu* in Kyoto has been enjoyed as part of the Buddhist vegetarian cuisine and *kaiseki* course meals. The excellent, soft well water in Kyoto is said to contribute to its quality.

詳しく To make *tofu*, you first soak soybeans in water. You then make this into a paste, and cook. Filter the cooked paste and add a coagulant called *nigari*. The mixture will solidify into delicious tofu.

補足 There are restaurants and shops where you can participate in *tofu* making. You have to try it!

覚えて
おきたい
語句・表現

A is famous for B 「A は B で有名だ」
contribute to A 「A に貢献する」
soak 「浸す」＊「浸す」（他動詞）、「浸る」（自動詞）ともに soak。
make A into B 「A を（加工して）B にする」
coagulant 「凝固剤」【コウアギャラン t】
solidify 「固形化する」

Tofu

\\ 日本語で確認 //

京料理に絶対欠かせない

さわり
京都は品質の高い豆腐で知られます。京都の豆腐は精進料理や懐石料理の一品として楽しまれてきました。軟水である良質な京都の井戸水のために、いい豆腐ができるのだと言われています。

詳しく
豆腐を作るには、まず最初に大豆を水に浸します。それをペースト状にし、加熱します。そしてろ過し、「にがり」と呼ばれる凝固剤を加えます。これを混ぜたものが固まって、おいしい豆腐になるのです。

補足
豆腐作りに参加できる食事処や店があります。絶対おすすめです！

第2章 京都の味

➕ キーワード ＆ ワンポイントアドバイス

豆腐には bean curd という英訳もかつてありましたが、英語圏では和食や中華料理に特に親しんでいない人でも *tofu* で通じ、health food（健康食）として定着しました。発音は【トウフー】と聞こえることがあります。

69

ゆば

\\ 英語で言ってみよう //

It was brought from China to Kyoto in the ninth century.

さわり
Yuba is a by-product of *tofu*. It is basically the film that forms on the surface of soy milk when it is boiled.

詳しく
Yuba was introduced to Japan together with tea by the famous Buddhist priest Saicho in the early ninth century. This is why *yuba* making started around the area of Enryaku-ji, which Saicho founded.

補足
Yuba can be purchased dried or fresh. Dried *yuba* is often put in soup. Fresh *yuba* is enjoyed as is with soy sauce or deep-fried. It is also used as a wrap to make rolls.

覚えて
おきたい
語句・表現

by-product 「副産物」
form 「生成する、形になる」
A was introduced to B 「AはBにもたらされた」
found 「創立する」
purchase 「購入する」＊ buy の同義語。
as is 「そのままで」
deep-fried 「揚げた」

Yuba

\\\ 日本語で確認 ///

9世紀に中国から京都へもたらされた

さわり ゆばは豆腐の副産物です。基本的に、豆乳を煮たときに表面に形成される膜のことです。

詳しく ゆばは、9世紀の初めに有名な仏教僧である最澄によって茶とともに日本にもたらされました。最澄が創立した延暦寺(えんりゃくじ)の近くで日本のゆば作りが始まったのは、これが理由です。

補足 ゆばは、干しゆば、または生ゆばとして買い求めることができます。干しゆばは、よく吸い物に入れられます。生ゆばはそのまましょうゆでいただいたり、揚げたりします。巻物を作るのにも用いられます。

＋ キーワード ＆ ワンポイントアドバイス

英語圏の都市にはいずれも大きなチャイナタウンがあって dim sum（飲茶）が浸透しており、ゆばメニューもありますので、ゆばを良く知っている英語圏の人もいます。飲茶のメニューでは dried bean curd と訳されていますが、その製法については本文のように説明してみましょう。

京だし

\\ 英語で言ってみよう //

Konbu flavor is the key.

さわり
Stock, or *dashi*, is an important ingredient in all kinds of Japanese food. Kyoto has its own kind of *dashi*.

詳しく
All Japanese *dashi* use dried fish, seaweed, or a combination of the two. Kyoto's *dashi* often features kelp, called *konbu* in Japanese, for its flavor and is a clear stock. The Japanese citrus fruit *yuzu* is often added to the Kyoto *dashi* for flavor.

補足
Tokyo's *dashi*, on the other hand, is darker in color and features soy sauce and dried bonito. People from Kyoto are often surprised by the dark broth in Tokyo.

覚えて
おきたい
語句・表現

stock 「だし汁、だし」 broth もほぼ同義語。
ingredient 「材料」【イングリーディヤン t】
A, which is compared with B 「B と比べられる A」
A features B 「A は B を特徴とする」
enhance 「引き立てる、増強する」
on the other hand 「一方で」
dried bonito 「かつおぶし」直訳は「乾燥させたかつお」

Kyoto Stock

\\\\ 日本語で確認 //

昆布味が主役

さわり だしは、ほとんどすべての和食に重要な食材です。京都には独自のだしがあります。

詳しく 日本のだしはすべて、乾燥させた魚や海草を使い、通常いくつかが組み合わされています。京だしは、主に昆布だしの味を特徴とし、汁は透明です。また、京だしには日本のかんきつ類である柚子の風味がよく加えられます。

補足 一方で、東京のだしは色が濃く、しょうゆとかつおぶしが特徴です。京都の人は、東京のだしの色の濃さに驚くことが多いです。

第2章 京都の味

➕ キーワード ＆ ワンポイントアドバイス

キーワードは kelp flavor（昆布味）と clear broth（透明のだし汁）。「おすまし」は、clear soup made with Japanese stock（日本のだしを用いた透明のスープ）。「かぼす」、「すだち」も、ゆずと同様、a Japanese citrus fruit, like lemon or lime というと簡単に説明できます。

白みそ

\\\\ 英語で言ってみよう //

It's a sweeter and milder type of miso.

さわり *Miso* is a soybean paste. Different areas in Japan have their own special *miso*. Kyoto's special *miso* is *shiromiso*, or white *miso*. This pale yellow *miso* is not aged as long as the darker types of *miso*.

詳しく *Shiromiso* is sweeter and milder than other *miso*. It's used for *miso* soup or as a seasoning for Kyoto cooking.

補足 Marinating fish for a few days in *shiromiso* is a very popular recipe called *misozuke*. Not only is the *shiromiso* great for preservation, but it enhances the flavor of the fish.

覚えて
おきたい
語句・表現

aged 「熟成されている」
marinate 「マリネにする、漬ける」
not only is A great, but [sv]
「A は素晴らしいだけでなく、[sv] でもある」＊この構文では
not only に続く主語と動詞の語順が変わる。上級の文法。

74

White Miso

\\\\ 日本語で確認 //

甘くてマイルドなみそ

さわり みそとは、大豆のペーストのことです。日本には、地域それぞれに名物のみそがあります。京都の名物は白みそです。薄黄色のみそで、濃い種類のみそより熟成期間が短いんです。

詳しく 白みそはより甘く、薄味です。みそ汁にしたり、京料理の味付けに用いられます。

補足 白みそに魚を数日漬けるみそ漬けというレシピはとても人気があります。保存に大変適しているだけでなく、白みそは魚の風味を引き立てます。

➕ キーワード ＆ ワンポイントアドバイス

みそは soybean paste と訳されることもありますが、*miso* という日本語由来の言葉も英語圏で浸透しています。ただ、よく知られているのは茶色い信州みそ。There are several kinds of Japanese *miso*.（日本のみそには数種類あるんです）と話し、京都には白みそがあるんですよ、と本文のように説明しましょう。

七味と山椒(さんしょう)

\\\\ 英語で言ってみよう //

The spices for Kyoto cuisine.

さわり Spices such as *shichimi* and *sansho* have been an important part of the Kyoto diet. Many kinds of Kyoto food have subtle flavors, so spices become all the more important.

詳しく *Shichimi* is a mix of several spices such as red chili pepper, sesame, and tangerine peel. *Sansho* powder is taken from the husks of Szechuan pepper. You will also often see leaves of *sansho* used in Kyoto cuisine.

補足 *Shichimi* is often used for *soba* and *udon* noodles. *Sansho* is commonly used on grilled eels.

覚えておきたい語句・表現

diet 「食生活」＊日本語の「ダイエット」より意味が広い。
subtle 「微妙な、繊細な」
all the more 「よりいっそう、なおさら」
tangerine 「ミカン」＊日本のミカンが属する種類。
peel 「(果物や野菜の) 皮」
husk 「殻」
Szechuan pepper 「山椒」＊ Szechuan は中国の四川。
commonly 「一般的に、よく」

76

Shichimi and Sansho Spices

\\\\ 日本語で確認 //

京料理のスパイス

さわり
七味や山椒といった香辛料は、京都の食生活において重要な役割を担ってきました。京料理の多くは繊細な味わいなので、香辛料がなおさら重要なんです。

詳しく
七味は、赤トウガラシ、ゴマ、ミカンの皮など、いくつかの香辛料をミックスしたものです。山椒の粉は、山椒の実の殻の部分から作られています。また、山椒の葉も京料理に用いられます。

補足
七味はそばやうどんによく用いられます。山椒は、ウナギの蒲焼によく用いられます。

＋ キーワード ＆ ワンポイントアドバイス

　山椒や七味を説明するのが面倒なときは、Japanese spice と言うこともできますが、少し不親切な観は否めません。ちなみに、トウガラシでできた一味と red chili powder はほぼ同じ物です。

和菓子

\\ 英語で言ってみよう //

A taste that developed with the tea ceremony.

さわり Japanese sweets in Kyoto developed alongside the tea ceremony. As you can imagine, Kyoto's sweets have a refined appearance and taste.

詳しく Common ingredients for Kyoto sweets are rice and other starches, *namafu*, red bean, roasted soybean powder, and green tea powder. Kyoto's specialty sweets include *yatsuhashi* and *warabimochi*.

補足 *Yatsuhashi* is made from rice and sugar, and is enjoyed fresh or baked. It has a distinctive cinnamon flavor. *Warabimochi* is made from sugar and fiddlehead starch, and is served with a mix of sugar and roasted soybean powder called *kinako*.

覚えておきたい 語句・表現

- as you can imagine 「想像できるとおり」
- appearance 「見た目」
- red bean 「あずき」
- roasted soybean powder 「炒られた大豆の粉→きなこ」
- distinctive 「独特な」
- fiddlehead starch 「わらび粉」

Japanese Sweets

\\ 日本語で確認 //

茶道とともに発展した

さわり
京都の和菓子は、茶道とともに発展しました。ご想像のとおり、京都の和菓子は見た目も味も洗練されています。

詳しく
京都の和菓子によく使われる材料は、米やそのほかのでんぷん、生麩(なまふ)、あずき、きなこ、抹茶の粉です。京都名物の和菓子に、八橋(やつはし)やわらび餅があります。

補足
八橋は、米と砂糖でできており、生のものと焼いたものがあります。シナモンの味が特徴的です。わらび餅は砂糖とわらび粉でできており、砂糖ときなこを合わせていただきます。

第2章 京都の味

+ キーワード & ワンポイントアドバイス

　筆者がカナダから京都に一時帰省する前、京都に滞在したことのあるカナダ人の友だちに「お土産は何がいい？」と聞いたところ、次のような注文を受けました。The triangle, yellow, soft sweets with red bean paste inside. It has a cinnamon flavor.（三角で黄色くて柔らかくて中にあんこが入っているお菓子。シナモンの風味）。あんこ入り生八橋のことでした。

79

緑茶

\\\ 英語で言ってみよう ///

The highest quality Japanese teas.

さわり The Uji area south of Kyoto produces Japanese green teas of the highest quality. For centuries, Uji tea has been used in tea ceremonies.

詳しく There are roughly four different types of Japanese green tea: *matcha*, *gyokuro*, *sencha* and *bancha*. *Matcha* is the powdered green tea used in tea ceremonies.

補足 *Gyokuro* is made using the finest tea leaves and has a sweet fragrance. *Sencha* is less sweet and is used more widely. *Bancha*, the most popular tea, is even less sweet and has very little caffeine.

覚えておきたい 語句・表現

Japanese teas 「(いろいろな種類の) 日本茶」
for centuries 「何世紀もの間」＊ for years は「何年もの間」。for hours、for days、for weeks という表現もある。
powdered 「粉末化した」
fragrance 「香り」[fレイgランs]
have(has) very little A 「A がほんの少ししかない」

Green Tea

\\\\　　**日本語で確認**　　//

最高級の日本茶がある

さわり
京都の南方にある宇治では、最高品質の日本の緑茶が作られています。宇治茶は何世紀にもわたって、茶の湯で用いられてきました。

詳しく
日本の緑茶には、おおまかに4つの種類があります。抹茶、玉露（ぎょくろ）、煎茶（せんちゃ）、番茶です。抹茶は、茶の湯で用いられる粉末の緑茶です。

補足
玉露は最高級の茶の葉を使っており、甘い香りがします。煎茶は玉露ほど甘くなく、より幅広く飲まれています。最も一般的な番茶はさらに甘みが少なく、カフェインもほとんど入っていません。

第2章　京都の味

✚ キーワード ＆ ワンポイントアドバイス

Green tea は世界の家庭にも浸透し始めていますが、日本茶の種類についての説明は本文のようにします。「中国茶との違いは？」というよくある質問には They are from the same plant but are processed differently. Many Japanese teas are steamed while the Chinese teas are often roasted.（同じ植物を使っていますが、工程が違います。日本茶には蒸されたものが、中国茶にはいられたものが多いです。）と答えます。

81

日本酒

\\\\ 英語で言ってみよう //

You will find great sake brewers.

さわり Kyoto produces some of the finest *sake*, or rice wine, because of its good underground water. There are roughly four types of *sake*.

詳しく *Futsu-shu* is the equivalent of table wine and is made by adding alcohol and water. *Honjozo-shu* is less artificial because only a limited amount of alcohol is added.

補足 *Junmai-shu* is made from 100 (one hundred) percent rice. *Ginjo-shu* is made from rice that is polished to remove the outer layer. You will find a number of great *sake* brewers in the Fushimi area of Kyoto.

覚えておきたい 語句・表現

some of the finest A 「最高のAの一部」
underground 「地下」
A is the equivalent of B 「AはBに相当するものだ」
artificial 「人工的な」
a limited amount of A 「限られた量のA、わずかな量のA」
rice that is polished to remove the outer layer
「研いで表層を除いた米→吟醸米」
a number of A 「いくつかのA」＊severalと同じぐらい。

Sake

\\\\ **日本語で確認** //

名醸造所がある

さわり
京都の地下水は良質であるため、米から造った最高級の日本酒ができます。酒にはおおまかに4つの種類があります。

詳しく
普通酒はテーブルワインに相当するもので、アルコールと水を加えて作られます。本醸造酒は、加えるアルコールが制限されているため、普通酒ほど人工的ではありません。

補足
純米酒は100%米だけでできるものです。吟醸酒は、研いで表層を除いた（吟醸した）米から造られています。京都の伏見（ふしみ）には、名醸造所がいくつかあります。

第2章 京都の味

＋ キーワード ＆ ワンポイントアドバイス

日本酒は、英語圏で sake（【サキー】と聞こえる場合も）として定着し始めていますので、そのまま使えることも、rice wine と訳すこともできます。日本酒の蔵元でも、酒造りを見学（tours for visitors）したり、きき酒（sample tastings）ができるところがありますので外国人客を誘ってみましょう。

83

column

「〜はる」は英語でどない言わはんの？

　京都弁の特徴のひとつに、「〜はる」の多用があります。敬語の一種のはずですが、友人が「大阪に行かはった」り、親が「ご飯を作らはった」り、犬が「走らはった」り……。自分以外のすべての生物の行為に対して親しみ、または敬意を込める一方で、話す相手に対して配慮した、美化語の一種でもあるような。とにかく分類しにくい表現であるように思います。

　そこで、読者のみなさんに質問です。京都弁の「〜はる」を英訳しろと言われたらどうしますか？

　地方それぞれの言葉の微妙なニュアンスを100％訳出することはどの言語間でも不可能というものですが、「〜はる」は、英語では主語や呼称の使い分けである程度訳出できると思います。

　「行かはる」は、女性なら、The lady is going. 男性ならThe gentleman is going. とちょっとていねいに。「猫が寝たはる」は、The kitty is sleeping. と cat よりもかわいい、親しみを込めた主語で。

　京都で「〜はる」がひんぱんに使われるのは、ていねいさと親しみを一度に表すことができて便利だからでしょう。親しき仲にも礼儀がある一方、そうではない他者との関係にも少しは親近感を、という、長い歴史に培われた微妙な人間関係を保つ知恵が反映されているのかもしれません。

第 3 章 京都の厳選ルート

おすすめルートマップ ①

京都駅―西本願寺―三十三間堂―京都国立博物館
P.92　　P.94

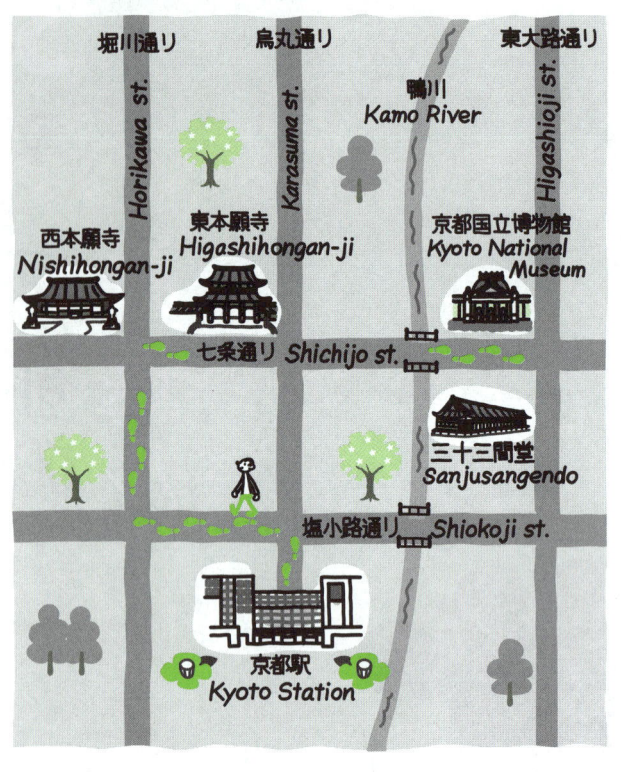

堀川通り　烏丸通り　東大路通り

Horikawa st.　Karasuma st.　Higashioji st.

鴨川
Kamo River

西本願寺
Nishihongan-ji

東本願寺
Higashihongan-ji

京都国立博物館
Kyoto National Museum

七条通り Shichijo st.

三十三間堂
Sanjusangendo

塩小路通り Shiokoji st.

京都駅
Kyoto Station

86

おすすめルートマップ ②

🍁 高台寺―二年坂―産寧坂―清水寺&地主神社―大谷本廟
　　↳ P.96～98

- 東大路通り
- ねねの道 Nene-no-michi
- Higashioji st.
- 高台寺 Kodai-ji
- 二年坂 Ninenzaka
- 産寧坂 Sannenzaka
- 地主神社 Jishu-jinja
- 清水寺 Kiyomizu-dera
- 五条通り Gojo st.
- 大谷本廟 Otani Honbyo
- 墓地 Cemetery

おすすめルートマップ ③

🍁 金閣寺―きぬかけの道―龍安寺―仁和寺
　　↳ P.100　　↳ P.102

- 龍安寺 Ryoan-ji
- Kinukake-no-michi きぬかけの道
- 金閣寺 Kinkaku-ji
- 仁和寺 Ninna-ji

第3章 京都の厳選ルート

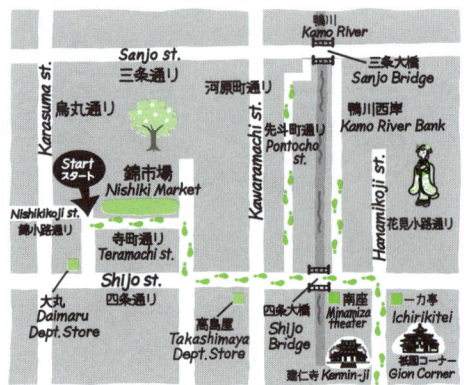

おすすめルートマップ ④

🍁 銀閣寺―哲学の道―南禅寺―平安神宮
　↳ P.104　↳ P.106　　　↳ P.108

- Higashiimadegawa st. 東今出川通り
- 白川通り
- Shirakawa st.
- 銀閣寺 Ginkaku-ji
- 哲学の道 Philosopher's Walk
- 丸太町通り Marutamachi st.
- 平安神宮 Heian-jingu
- 南禅寺 Nanzen-ji

おすすめルートマップ ⑤

🍁 錦市場―先斗町・鴨川―祇園
　↳ P.110　↳ P.112　↳ P.114

- Sanjo st. 三条通り
- Kamo River 鴨川
- 三条大橋 Sanjo Bridge
- Karasuma st. 烏丸通り
- 河原町通り
- 鴨川西岸 Kamo River Bank
- Kawaramachi st.
- 先斗町通り Pontocho st.
- Start スタート
- 錦市場 Nishiki Market
- Hanamikoji st. 花見小路通り
- Nishikikoji st. 錦小路通り
- 寺町通り Teramachi st.
- Shijo st. 四条通り
- 大丸 Daimaru Dept. Store
- 高島屋 Takashimaya Dept. Store
- 四条大橋 Shijo Bridge
- 南座 Minamiza theater
- 一力亭 Ichirikitei
- 建仁寺 Kennin-ji
- 祇園コーナー Gion Corner

88

おすすめルートマップ ⑥

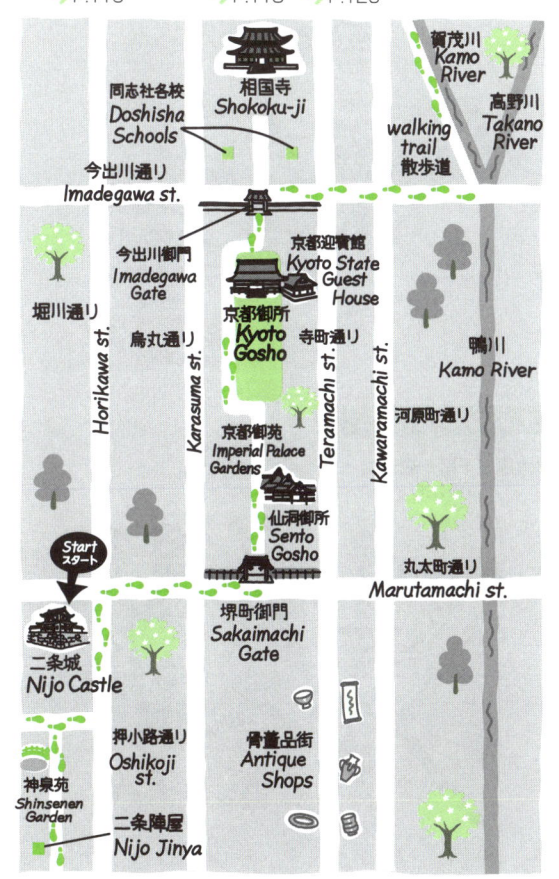

🍁 二条城—神泉苑—二条陣屋—京都御苑—賀茂川岸
　　↳ P.116　↳ P.118　↳ P.120

- 賀茂川 / Kamo River
- 高野川 / Takano River
- 相国寺 / Shokoku-ji
- 同志社各校 / Doshisha Schools
- walking trail / 散歩道
- 今出川通り / Imadegawa st.
- 今出川御門 / Imadegawa Gate
- 京都迎賓館 / Kyoto State Guest House
- 堀川通り / Horikawa st.
- 烏丸通り / Karasuma st.
- 京都御所 / Kyoto Gosho
- 寺町通り / Teramachi st.
- 川原町通り / Kawaramachi st.
- 鴨川 / Kamo River
- 河原町通り
- 京都御苑 / Imperial Palace Gardens
- 仙洞御所 / Sento Gosho
- 丸太町通り
- Start スタート
- Marutamachi st.
- 二条城 / Nijo Castle
- 堺町御門 / Sakaimachi Gate
- 押小路通り / Oshikoji st.
- 骨董品街 / Antique Shops
- 神泉苑 / Shinsenen Garden
- 二条陣屋 / Nijo Jinya

第3章　京都の厳選ルート

89

おすすめルートマップ ⑦

🍁 渡月橋―天龍寺―竹林―常寂光寺と落柿舎
　↳ P.122　　　↳ P.124

- 落柿舎 Rakushisha
- 新丸太町通り Shinmarutamachi st.
- 野宮神社 Nonomiya-jinja
- 常寂光院 Jojakko-ji
- 天龍寺 Tenryu-ji
- 京福嵐山駅 Keifuku Arashiyama Stn.
- 桂川 Katsura River
- 散歩道 walking path
- 渡月橋 Togetsu Bridge

おすすめルートマップ ⑧

🍁 大原三千院―寂光院
　↳ P.126　↳ P.128

- 寂光院 Jakko-in
- 367号線 Route 367
- 宝泉院 Hosen-in
- 律川 Ritsu River
- 大原小中学校 Ohara Elementary and Junior High Schools
- 階段 Steps
- 三千院 Sanzen-in
- 呂川 Ro River
- バス停 Bus stop

おすすめルートマップ ⑨

🍁 伏見稲荷大社—平等院
　　↳ P.130　↳ P.132

JR線　*JR Line*
京阪線　*Keihan Line*

JR京都駅
JR Kyoto Stn.

出町柳駅
Demachiyanagi Stn.

伏見稲荷大社
Fushimi Inari-taisha

伏見稲荷駅
Fushimi Inari Stn.

稲荷駅
Inari Stn.

中書島駅
Chushojima Stn.

宇治駅
Uji Stn.

宇治駅
Uji Stn.

To Osaka
大阪方面へ

To Nara
奈良方面へ

平等院　*Byodo-in*

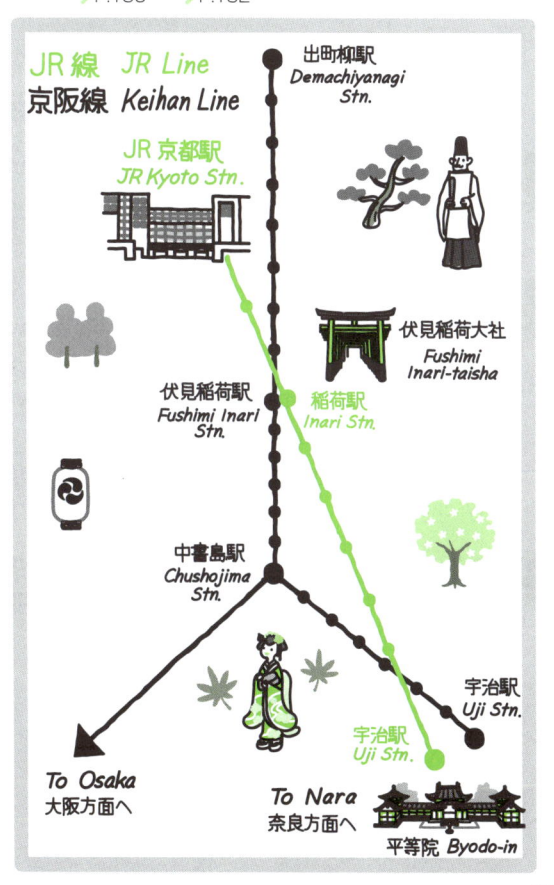

第3章　京都の厳選ルート

京都駅

\\\\ 英語で言ってみよう //

One of Japan's largest train stations.

さわり Kyoto Station is one of the hubs of Western Japan. The Shinkansen and other trains from all over Japan arrive at Kyoto Station.

詳しく The Kyoto Station Building was completed in 1997 (nineteen ninety seven). It is 60 (sixty) meters high and has a hotel, a department store, restaurants, and even a theater. The modern look met with opposition from those who felt it would not go well with Kyoto's traditional cityscape.

補足 On the other hand, many enjoy the architecture with huge glass walls and a grand staircase that spans the entire height of the building.

覚えておきたい 語句・表現
complete 「完了する」
even A 「Aさえ」
opposition 「反対」【オポズィシャn】
those who felt [sv] 「[sv] と感じた人」
cityscape 「都市の景観」
on the other hand 「その一方で」
A that span(s) B 「B (の範囲) にわたる A」

Kyoto Station

\\\\　日本語で確認　//

日本最大級の駅

さわり　京都駅は西日本のハブのひとつです。新幹線や電車が日本全国からやってきて京都駅に到着します。

詳しく　京都駅ビルは1997年に竣工しました。60メートルの高さがあり、ホテル、デパート、レストランのほかに、劇場まで入っています。この近代的な外観は、「京都の伝統的な都市景観と合わない」と感じた人たちから反対を受けました。

補足　その一方で、巨大なガラス壁や、地上レベルからビルのてっぺんまで続く、大階段のある壮大な建築を楽しむ人も大勢います。

第3章　京都の厳選ルート

✚ キーワード & ワンポイントアドバイス

京都駅周辺の高層ビルについては、The height of buildings is not regulated as strictly in the area around Kyoto Station and some areas downtown.（京都駅周辺と繁華街の一部は、建物の高さに関する規制が少し緩やかなんです）と説明してもいいでしょう。

三十三間堂
さんじゅうさんげんどう

\\ 英語で言ってみよう //

A temple with 1,000 Buddhist statues.

さわり "Sanjusan" means 33 (thirty-three), and the name comes from the 33 bays between the pillars of the main building.

詳しく In the main hall, a statue of the main *bosatsu* can be seen seated in the center. One thousand standing *bosatsu* statues are around the main *bosatsu*. There are also many statues of guardian gods in front of the standing *bosatsu* statues.

補足 Most of these 1,000 statues are the *senju kannon*, which means *bosatsu* with one thousand arms. The many arms are said to help people in need, representing the *bosatsu*'s generosity.

覚えておきたい 語句・表現

bay　　主に「入り込んだ部分」の意。ここでは「柱間」。
pillar　「柱」
main hall　「本堂」
the statue of the main *bosatsu*　＊観音座像のこと。
guardian god　「守護神」
generosity　「寛大さ」【ジェナロスィティ】

Sanjusangen-do Temple

\\ 日本語で確認 //

千体の仏さんに出会える

さわり
"Sanjusan" とは 33 のことです。三十三間堂という名称は、本堂の柱間が 33 あることから来ています。

詳しく
本堂では、主要な菩薩の坐像(ざぞう)が中央にあります。1,000 体の菩薩(ぼさつ)の立像が、坐像菩薩を囲んでいます。また、前方には守護神たちも並んでいます。

補足
これらの仏像のほとんどは千手(せんじゅ)観音ですが、これは千の手をもつ菩薩という意味です。菩薩は数々の手を用いて多くの人を困った人を助けることができ、その手は寛大さを表すと言われています。

第3章 京都の厳選ルート

➕ キーワード & ワンポイントアドバイス

三十三間堂の 1,001 体の観音像と、観音の前に立つ守護神が並ぶさまはまさに圧巻で、日本を印象づけるイメージのひとつです。Are there really 1,000 hands?（本当に千の手があるの？）というよくある質問には、No, there are actually 42 (forty-two) arms. The number "1,000" is only symbolic.（いいえ、42 の腕です。千という数字は象徴的なものです）と答えます。30 ページ「仏像」参照。

95

清水寺

\\\\ 英語で言ってみよう //

Please don't jump off the stage!

さわり "To jump off the stage of Kiyomizu" is a famous Japanese expression. This means to take action even though you are taking a risk. But please don't really jump off the stage; it is 13 (thirteen) meters high!

詳しく The stage is part of Kiyomizu Temple's main hall. Traditional Japanese theater is performed on the stage as part of the temple's rituals.

補足 Kiyomizu-dera was built in the 8th (eighth) century. The architecture is famous because the main hall is built on a steep cliff, supported by many pillars without using nails.

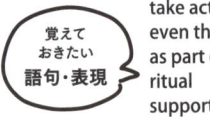

覚えておきたい語句・表現

take action 「行動に出る」
even though [sv] 「[sv] であるにもかかわらず」
as part of A 「A の一部として」
ritual 「儀式」【リチュアl】
support 「支える」

Kiyomizu Temple

\\\\　**日本語で確認**　//

清水の舞台から飛び降りないように！

さわり　日本語の有名な表現に「清水の舞台から飛び降りる」というものがあります。リスクを冒してでも行動に出る、という意味です。でも、清水の舞台から本当に飛び降りないでくださいね。13メートルの高さがあるんです！

詳しく　この舞台は、清水寺の本堂の一部です。寺の儀式の一環として、日本の伝統芸能がこの舞台で演じられることがあります。

補足　清水寺は8世紀に創建されました。建築が有名なのは、本堂が急な崖の上に建てられていて、数々の柱に1本のくぎも使わずに支えられているからです。

第3章　京都の厳選ルート

✚ キーワード ＆ ワンポイントアドバイス

寺の創建年などについて話す際、「平安時代」、「室町時代」などという表現がよく使われますが、外国人は、そう言われてもどのくらい昔なのかピンと来ないことが多いため、西暦で言うか、「〜世紀」という表現を用いると便利です。

地主神社

\\ 英語で言ってみよう //

Pray for success in love.

さわり Jishu Shrine's god is said to bring good luck for those seeking love. A man or woman wishing to find a partner may ask the god for help. Couples may also visit to wish for a long-lasting, successful relationship.

詳しく There are two special stones in this shrine. It is said that you will find your true love if you can walk from one of these stones to the other one with your eyes closed.

補足 Jishu Shrine is located in the grounds of Kiyomizu Temple because the shrine is the guardian of the temple.

覚えて おきたい 語句・表現

those seeking love 「恋を求めている人」
partner （この文脈で）「恋人、連れ合い」
long-lasting 「長続きする」
relationship 「（男女の）おつきあい、関係」
true love 「本物の恋」【t ルーラ v】＊「恋人」の意味も。
with your eyes closed 「目を閉じて」
guardian 「守護、鎮守」【ガーディア n】

Jishu Shrine

\\\\ **日本語で確認** //

恋の成功を祈ろう

さわり 地主神社の神は、縁結びに効くと言われています。恋人が欲しい人が、この神に縁結びをお願いしたりします。カップルで訪れて、ふたりの関係が長続きし、うまくいくようにお願いすることもあります。

詳しく この神社にはふたつの特別な石があります。一方の石から他方の石に目を閉じてたどり着ければ本物の恋に出合うと言われています。

補足 地主神社は清水寺の境内にありますが、これは、地主神社が清水寺の鎮守社であるためです。

✚ キーワード ＆ ワンポイントアドバイス

キリスト教やイスラム教の神は唯一絶対神なので大文字の God ですが、さまざまな神のいる日本の神社の神は小文字の god です（発音では区別できませんが）。「神格を持つもの」という意味の上級単語に deity というものもありますので、God と区別するため、deity を使うこともできます。28 ページ「神社仏閣」参照。

金閣寺

\\ 英語で言ってみよう //

It was the mountainside cottage of a *shogun*.

さわり
"Kinkaku" means golden hall. This hall is covered with real gold leaf. It is part of a Zen Buddhist temple complex.

詳しく
Kinkaku Temple was originally built in the 14th (fourteenth) century as a mountainside cottage for the famous *shogun* Ashikaga Yoshimitsu. It was burnt in 1950 (nineteen fifty) but was rebuilt five years later.

補足
The garden is also famous. As you walk through the promenade-style garden, you can enjoy the views of the pavilion and Kyoko Pond, or "mirror lake pond," from different angles.

覚えて
おきたい
語句・表現

mountainside cottage 「山荘」
gold leaf 「金箔」
complex 「複合施設」＊ここでは「伽藍(がらん)」の意味。
burnt < burn 「焼く」
rebuilt < rebuild 「再建する」
promenade-style 「回遊式」【p ロムネイ d】

Kinkaku Temple

\\\\　**日本語で確認**　//

将軍の美しい山荘

さわり
"金閣"とは「金の楼閣」のこと。本物の金箔(きんぱく)で覆われています。金閣は禅寺の建物の一部です。

詳しく
最初の金閣寺は 14 世紀、有名な将軍である足利義満の山荘として建造されました。1950 年に焼失し、5 年後に再建されました。

補足
庭園もまた有名です。回遊式の散歩道を巡ると、金閣と鏡湖池の眺めを違う角度から楽しめます。

第 3 章　京都の厳選ルート

＋ キーワード ＆ ワンポイントアドバイス

　金閣は、一般拝観のための総門から入り、細道を通り抜けた後で突如現れます。私は、外国の友だちを金閣寺に案内する際、It's a surprise! と言って行き先を告げずに連れていったことがあります。ちょうど、雪化粧が見られる 12 月でした。少し歩いて突然金閣が目の前に現れたとき、彼女は感激のあまり涙ぐんでいました。

龍安寺

\\\\ 英語で言ってみよう //

It's open to your imagination.

さわり Ryoan Temple's garden is perhaps the most famous Japanese garden in the world. This Zen garden is made of only white pebbles, stones, rocks, and moss. It represents nature without using any water.

詳しく The pattern of the raked pebbles on the ground represents the ocean. The 15 (fifteen) rocks represent mountains. The whole scenery is said to represent Zen philosophy.

補足 Many Japanese gardens are simple like this one and do not have many flowers like Western gardens. What you find in a Japanese garden is open to your imagination.

覚えて おきたい 語句・表現

pebbles 「砂利」
moss 「苔」
raked 「くま手でかいた」
scenery 「風景」【スィーナリ】
Zen philosophy 「禅哲学」
what you find in A 「あなたが A に見出すもの」

Ryoan Temple

日本語で確認

自由に想像を巡らせて

さわり
龍安寺の石庭はおそらく世界一有名な日本庭園です。この禅庭は、白い砂利、石、岩、苔だけでできています。水を使わず自然を表現する枯山水です。

詳しく
地面の砂利のくま手模様は、海を表現しています。15の岩は山です。風景全体が、禅の哲学を表していると言われます。

補足
日本庭園の多くは、このようにシンプルで、西洋の庭のようにたくさんの花があるわけではありません。日本庭園で見出すものは、私たちの想像にゆだねられているんです。

➕ キーワード ＆ ワンポイントアドバイス

龍安寺の禅庭（Zen Garden）は、ここを目指して京都に来る観光客もいるほどで、絶対に外せない場所です。四季折々の花や噴水を施した西洋などの庭とは対照的。金閣寺から歩いていける距離ですので、金閣の華やかさと、簡素な禅庭の世界の両方を同じ日に堪能できます。

銀閣寺

\\\\ 英語で言ってみよう //

It represents the values of *wabi sabi*.

さわり Although Ginkaku means "silver hall," this wooden building is not covered with silver. Ginkaku was built in the 15th (fifteenth) century by a *shogun* who was a grandson of the founder of Kinkaku.

詳しく Unlike the brilliant Kinkaku, the building of Ginkaku is humble and is said to represent the Japanese aesthetic value of *wabi sabi*.

補足 Ginkaku's promenade-style garden is famous. You will see cones of white sand, which are designed to reflect the moonlight at night. The tea room is the oldest in Japan.

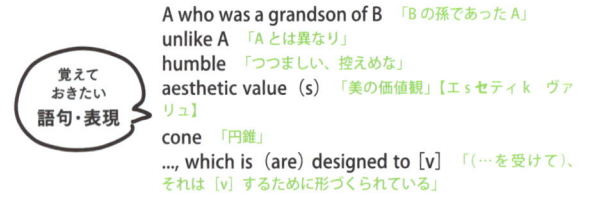

覚えておきたい **語句・表現**

A who was a grandson of B　「B の孫であった A」
unlike A　「A とは異なり」
humble　「つつましい、控えめな」
aesthetic value（s）　「美の価値観」【エ s セティ k　ヴァリュ】
cone　「円錐」
..., which is（are）designed to [v]　「（…を受けて）、それは [v] するために形づくられている」

Ginkaku Temple

\\\\　　**日本語で確認**　　//

わびさびの美学へ

さわり 銀閣は「銀の楼閣」という意味になりますが、この建物は木造で、銀で覆われてはいません。銀閣寺は、金閣寺の創建者の孫にあたる将軍が15世紀に建てたものです。

詳しく 絢爛豪華(けんらんごうか)な金閣寺とは異なり、銀閣寺の建物はつつましく、わびさびという日本の美の価値観を表していると言われます。

補足 銀閣寺には有名な回遊式庭園があります。白砂の円錐(えんすい)が見られますが、これは夜に月の光を映すように作られています。銀閣寺の茶室は日本最古のものです。

＋ キーワード ＆ ワンポイントアドバイス

「わびさび」も英語での説明が難しいコンセプト。銀閣寺を指してThis is *wabi sabi*. と言うのもひとつの手かもしれません。まじめな説明はこんな感じです。*Wabi* and *sabi* are Japanese values based on the idea that beauty lies in simplicity. *Wabi* is something like barren simplicity. *Sabi* is something like a sense of loneliness related to aging. (わびとさびはともに、美はシンプルさにあるという考えに基づいた日本の価値観です。わびは空しくシンプルであるようなもの。さびは年を経ることに関連する寂しさのようなものです)。

哲学の道

英語で言ってみよう

How about a pleasant walk between sights?

さわり The Philosopher's Walk is a two-kilometer walkway along a canal. It links two important sites: Ginkaku Temple and Nanzen Temple.

詳しく The path is named after early 20th (twentieth) century philosopher Nishida Kitaro, who was a professor at nearby Kyoto University. He used to walk along this path almost every morning.

補足 The path is thought to be one of Japan's best walkways. The water of the canal is drawn from Lake Biwa, which is the biggest lake in Japan. Along the path, there are about 450 (four hundred fifty) cherry trees.

覚えておきたい語句・表現

philosopher 「哲学者」
walkway 「散歩道」
canal 「運河」
A is (are) named after B 「AはBにちなんで名付けられた」
along A 「Aに沿った」
A is (are) thought to be B 「AはBだと考えられている」
cherry blossom 「桜の花」

The Philosopher's Walk

\\\\　　　　　**日本語で確認**　　//

観光の合い間の散策はいかが？

さわり 哲学の道は、運河沿いの2キロメートルの散歩道です。銀閣寺と南禅寺というふたつの重要な史跡をつないでいます。

詳しく この道は、20世紀初期の哲学者で、近くの京都大学の教授であった西田幾多郎にちなんで名付けられたものです。彼はほとんど毎朝、この道を歩いていました。

補足 哲学の道は、日本で最も素晴らしい散歩道のひとつと言われます。運河の水は、日本最大の湖である琵琶湖から引かれています。哲学の道沿いには約450本の桜の木があります。

✚ キーワード ＆ ワンポイントアドバイス

「哲学の道」は、春には桜、秋には紅葉が楽しめますが、人気の場所であるだけに混雑することもあります。早朝または夕方6時過ぎだと、寺院拝観の時間外で人影がまばらとなるので、静かな散策が楽しめる機会が増えます。琵琶湖疏水の英訳は Lake Biwa Canal。

107

平安神宮

\\\\ 英語で言ってみよう //

Replicas of the Old Imperial Palace.

さわり
The word "Heian" means peace and stability. Kyoto was named Heiankyo when it was the capital from the 8th (eighth) to the 19th (nineteenth) century. Heian Shrine was built in 1895 (eighteen ninety-five) to celebrate the 1,100th (one thousand one hundredth) anniversary of the old capital.

詳しく
Many buildings in the Heian Shrine complex are replicas of the Imperial Palace of the 8th (eighth) and 9th (ninth) centuries.

補足
Two emperors are enshrined here. One is the emperor who opened the capital in Kyoto. The other is the last emperor based in Kyoto.

覚えておきたい
語句・表現

Imperial Palace 「皇居、御所」
stability 「安定」
anniversary 「記念」【アナヴァーサリ】
enshrine 「祀る、祭祀する」
One is A. The other is B.
「ひとり（ひとつ）が A で、もう片方が B」

108

Heian Shrine

\\\ **日本語で確認** ///

平安京のレプリカが見られる

さわり 「平安」という言葉は、平和と安定を意味しています。京都は、8世紀から19世紀まで首都であった期間、平安京と呼ばれていました。平安神宮は1895年に平安京創設1,100年を記念して建設されました。

詳しく 平安神宮の建物の多くは、8～9世紀の平安京の御所の建物を模して作られています。

補足 この神社には二人の天皇陛下が祀られています。ひとりが、京都に都を開かれた天皇で、もうひとりが京都を本拠地とされた最後の天皇です。

第3章　京都の厳選ルート

➕ キーワード ＆ ワンポイントアドバイス

　京都の他の史跡に比べ、平安神宮の建物は比較的新しいのですが、外国人を案内する際には特に、平安京の main palace buildings（正殿）が再現されており、当時の貴族が利用した建造物が見られる点がポイントです。
　6月に平安神宮で行なわれる薪能も、時期が合えば外国人を案内したいイベントです。154ページ「能と狂言」参照。

109

錦市場

\\ 英語で言ってみよう //

It's called "the Kitchen of Kyoto".

さわり Located in downtown Kyoto, Nishiki Market is home to more than 100 (one hundred) shops that sell Kyoto's specialties. Many are food shops. A path 400 (four hundred) meters long is lined with small shops on both sides.

詳しく There you can find fresh, high-quality fish and vegetables. There are also shops for Kyoto's sweets, snacks, pickles, tofu, and sake. You will likely see some very strange foods too. Please enjoy!

補足 Traditionally, Nishiki Market has catered to high-class Kyoto-cuisine restaurants and gourmet Kyotoites.

覚えておきたい 語句・表現

shops that sell A 「A を売る店」
specialty 「名物、特産品」【s ペシャ l ティ】
A is lined with B 「B に沿って A が並んでいる」
you will likely see A 「(あなたは) A を見ると思いますよ」
these days 「この頃」
A has catered to B 「A は B の需要に応えてきた」
cuisine 「料理」【k ウィズィー n】

Nishiki Market

\\\ **日本語で確認** ///

京の台所

さわり
京都の繁華街にある錦市場には、京都の名物を売る店が100店以上あります。多くが食料を売る店です。400メートルの道の両側に小さな店が軒を連ねています。

詳しく
新鮮で高品質な魚や野菜が売られています。また、京都のお菓子、漬物、豆腐や日本酒を売る店もあります。とても変わった食べ物も見かけると思いますよ。ぜひ楽しんでください。

補足
これまで、錦市場は京都の高級料亭やグルメの京都人の需要に応えてきました。

第3章 京都の厳選ルート

➕ キーワード & ワンポイントアドバイス

このルートは downtown Kyoto（京都の繁華街）見物。最近の錦市場は観光地化した感がありますが、かつては「買い物は錦でしてます」と言えることは京都の家庭のステータスでした。京都人にとっても憧れの市場だったのです。今でも、ここで仕入れをする料理人は多く、和食の粋ともいえる京都の食べ物を堪能できます。外国人にとっては初めて見る食べ物も多いようです。

111

先斗町・鴨川岸

\\ 英語で言ってみよう //

Enjoy the breeze from the Kamo River.

さわり Pontocho Street in downtown Kyoto is a narrow path lined with restaurants and bars. Some of these are *ochaya*, where *geiko* entertain guests.

詳しく A stroll down Pontocho can be enjoyable even without going inside an *ochaya*. The cobblestone street is beautiful, and there are also casual and reasonable cafes and restaurants in traditional machiya houses.

補足 Every year in summer, many of the restaurants along the Kamo Riverbank between Nijo and Gojo Streets open their wooden-deck patios. On these patios, customers enjoy their meals with the breeze from the river.

覚えておきたい語句・表現

A, where [sv] 「[sv] が行なわれる A」 ＊A は通常、場所。
a stroll down B 「B に沿った散歩」＊この down に「下る」の意味はない。
cobblestone street 「石畳の道」【コーブ ls トウ n】
wooden-deck 「木製デッキの」【ウォ dn デ k】
patio 「パティオ」
＊北米では、飲食店にある屋外部分（中庭でも、ベランダでも）を一般的に patio と呼ぶ。

Pontocho Street and the Kamo Riverbank

\\\ **日本語で確認** ///

鴨川の風を楽しもう

さわり
京都の繁華街にある先斗町は、飲食店や酒類を出す店が並ぶ細道です。芸妓・舞妓が客をもてなすお茶屋もあります。

詳しく
先斗町歩きは、お茶屋に行かずとも楽しいものです。石畳の道はとてもきれいですし、気軽で手ごろな値段のカフェや飲食店が、伝統的な町家で楽しめます。

補足
毎年夏季に、二条通りと五条通り間にわたる鴨川岸に、先斗町の多くの飲食店が木の床の席を設けます。床のお客さんは、川風を感じながら食事を楽しむのです。

第3章 京都の厳選ルート

+ **キーワード ＆ ワンポイントアドバイス**

「納涼床は高級な料亭のもの」というイメージがあり、筆者の学生時代などはまったく手の届かないものでした。しかし最近は、一般的な値段でさまざまに川風を楽しめる場所も出てきているようで、エスニックレストランや英会話塾まであるようです。
　38ページ「お茶屋と料亭」参照。

祇園

\\ 英語で言ってみよう //

You can see some geiko!

さわり The Gion area, in the southeast part of downtown Kyoto just west of the Yasaka Shrine, has many traditional restaurants, *ochaya*, and other drinking establishments.

詳しく The Japanese call the area around here "flower town" because we find it to be a place of colorful fantasy.

補足 The section of Hanamikoji south of Shijo paved with cobblestone is one of the most attractive parts of this area. There is a theater called Gion Corner, where you can see *geiko* dances and other traditional performances, tea ceremony, and flower arrangement.

覚えておきたい語句・表現

drinking establishment 「酒を出すところ」【イ s タブリ sh メン t】
＊bar、tavern、pub などをすべて含めて一般化する表現。
A find(s) B (to be) C 「A は B を C だと思う」
＊C は形容詞でもよい。I find him (to be) attractive!（彼ってかっこいいよね！）など。
attractive 「魅力的な」【ア t ラクティ v】

114

The Gion Area

日本語で確認

舞妓さんに出会える

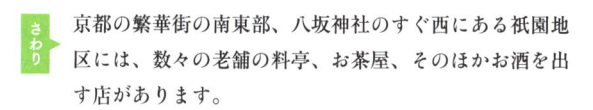

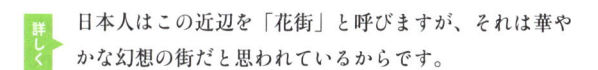

さわり 京都の繁華街の南東部、八坂神社のすぐ西にある祇園地区には、数々の老舗の料亭、お茶屋、そのほかお酒を出す店があります。

詳しく 日本人はこの近辺を「花街」と呼びますが、それは華やかな幻想の街だと思われているからです。

補足 花見小路通りの四条通り以南の石畳の道は、祇園で最も魅力的な場所のひとつ。ここには、ギオンコーナーと呼ばれる劇場があり、舞妓・芸妓の踊りのほか、茶道、華道など、伝統的な日本のパフォーマンスを見ることができます。

➕ キーワード ＆ ワンポイントアドバイス

祇園は夜に大人同士で訪れたいところです。この近辺は高級飲食店（premium restaurants and bars）が多いので、明らかに気軽に入れる場所以外では、ガイドブックや地元の人のアドバイスに従うといいでしょう。

38ページ「お茶屋と料亭」参照。

二条城

\\ 英語で言ってみよう //

The finest architecture and artworks of Edo.

さわり The construction of Nijo Castle was completed in the 17th (seventeenth) century. The castle was a Kyoto villa for the *shoguns*.

詳しく This castle has two moats for extra protection: one around the Honmaru Central Palace and another around the entire complex. The famous "nightingale floors" are in the Ninomaru Palace. These floors are designed to squeak like the singing of birds when you walk on them. It is said that this was to warn against intruders.

補足 The architecture and artworks are said to be the finest examples of the period. For many years, artists have been working to conserve the artworks kept in the castle.

覚えておきたい語句・表現

finest 「極上の」
moat 「堀」
squeak 「(きゅっきゅっと) きしむ」【skウィーk】
intruder 「侵入者」【インtルーダ】
conserve 「保存する」

Nijo Castle

\\\\　日本語で確認　//

江戸時代の建築と芸術の粋

さわり
二条城は 17 世紀に建設されました。この城は将軍のための京都の別荘でした。

詳しく
二条城には二つの堀があり、二重に防護されています。ひとつは本丸御殿の周りに、もうひとつが城全体の周りにあります。二の丸御殿内には、有名な「ウグイス張りの廊下」があります。この廊下は、歩くと鳥が鳴くような音を出すようにできています。これは、外部からの侵入者を警告するためのものだったと言われています。

補足
建造物と、内部の芸術作品は当時の最高傑作の代表例だと言われています。アーティストが何十年にもわたり、城内に保存された見事な芸術作品の保存作業を行なっています。

➕ キーワード ＆ ワンポイントアドバイス

二条城は京都の世界遺産の中で唯一の城で、神社でも寺でもありません。また、貴族ではなく武士のための建造物（the castle was for the *samurai*, and not for the aristocrats）であり、神社仏閣や貴族文化の見学とは違った趣向の観光となります。

二条陣屋

\\\\ 英語で言ってみよう //

Study the security tricks of 300 years ago.

さわり Nijo Jinya House, just south of the Nijo Castle, is a mansion that was owned by a rich merchant during the 17th (seventeenth) century. It was an inn for high-ranking *samurai* visiting Kyoto.

詳しく This inn had a tight security system and used many clever tricks to protect its guests. Because of these tricks, the house is nicknamed "Ninja House."

補足 For example, there are hidden staircases and secret hallways. There are also small secret rooms where guards could hide and watch the visitors.

覚えて
おきたい
語句・表現

mansion 「屋敷、豪邸」＊日本でいう「マンション」は condo(minium)。
A that was owned by B 「Bに所有されていたA」
high-ranking samurai
「身分の高い武士」＊大名などのこと。
tight 「厳重な（隙間のない）」
clever 「巧妙な、賢い」＊「利口」だという意味が濃い。
hidden 「隠された」【ヒドゥn】
hallway 「廊下」

Nijo Jinya House

日本語で確認

300年前のセキュリティーの からくりを学ぼう

さわり 二条城のすぐ南にある二条陣屋は、17世紀に裕福な商人が所有していた屋敷です。都を訪れる大名や身分の高い武士の宿泊所でした。

詳しく この宿泊所には、厳重なセキュリティーのシステムが施されており、客を守るための巧妙なからくりの数々が用いられていました。これらのからくりのために、「忍者ハウス」という異名もあります。

補足 たとえば、隠された階段や廊下があります。また、護衛役が隠れて訪問者を見張った小さな秘密の部屋もあります。

第3章 京都の厳選ルート

✚ キーワード & ワンポイントアドバイス

　日本ではさほど知られていませんが、京都を訪れた外国人が口々に「おもしろかった！」と言う二条陣屋。二条城のすぐ南側にありますので、二条城まで行ったなら足を延ばしたいところです。

　What's a *ninja*? という質問に簡潔に答えるには、a secret agent of the *samurai* era（侍がいた時代の秘密工作員）などと言えます。

京都御苑(ぎょえん)

\\ 英語で言ってみよう //

It was the home of Japanese emperors.

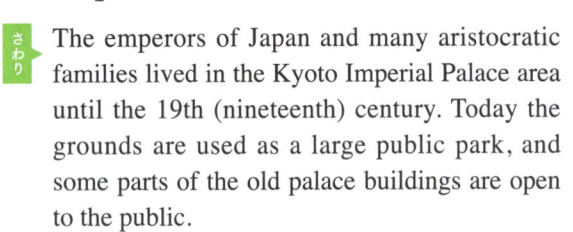

さわり The emperors of Japan and many aristocratic families lived in the Kyoto Imperial Palace area until the 19th (nineteenth) century. Today the grounds are used as a large public park, and some parts of the old palace buildings are open to the public.

詳しく For example, you can visit the two main imperial palace complexes: Kyoto Gosho and Sento Gosho. The emperors and high-ranking aristocrats lived in these palaces and performed their official duties.

補足 There is also the Kyoto State Guest House where the government hosts important events or receives VIPs from around the world.

覚えておきたい 語句・表現

today 「現在」
the public 「一般の人」 ＊ the rich（お金持ち）など、形容詞とあわせて名詞化する the の用法。
perform one's official duty 「(彼らの) 公務を行なう」
host 「主催する」【ホウ st】
receive 「迎える」

The Kyoto Imperial Palace Gardens

\\\\　　　　日本語で確認　　　　//

天皇の住まいだった

さわり
19世紀まで、京都御所とその周辺には日本の天皇陛下と数多くの貴族がお住まいでした。現在、敷地は大型の公園として用いられており、旧御所の建造物には一般に公開されているところもあります。

詳しく
たとえば、ふたつの主要な建物である京都御所と仙洞御所(せんとう)を見学することができます。これらの宮殿には、かつて天皇と高位の貴族が住んでおり、公務を行なっていました。

補足
また、京都迎賓館は、政府が重要な行事を主催したり、世界各国のVIPを迎えるのに用いられています。

➕ キーワード ＆ ワンポイントアドバイス

京都御所の一般公開は期間が限られていますが、事前に申し込むことで、年間を通して入場することができます。外国人が申し込む場合、比較的予約が取りやすいと言われており、日本人１名も通訳案内役として同行できます（桂離宮と修学院離宮、仙洞御所も同様）。

渡月橋
とげつきょう

英語で言ってみよう

Enjoy a panoramic view of western Kyoto.

さわり Western Kyoto was a peaceful cottage country for the aristocrats and priests. Even today, it has a country-like feel.

詳しく The Togetsu Bridge is one of the main attractions. You can enjoy a panoramic view of the area, especially of Mount Arashi. Visit the bridge at different times of the year and enjoy how the reflections on the river change with the season.

補足 This old bridge is 155 (one hundred fifty-five) meters long, and the original was probably built in the 9th (ninth) century.

覚えておきたい語句・表現

panoramic 「パノラマの」【パノラミ k】
western Kyoto 「京都の西部」 ＊京都では「洛西」と言われる。
cottage country 「別荘地」
priest 「僧侶、神主」
country-like feel 「田舎のような感じ」
especially 「特に」【エ s ペシャリ】
how [sv] 「どのように [sv] であるかということ

Togetsu Bridge

日本語で確認

洛西のパノラマ景観を楽しもう

さわり
京都の西部はかつて、貴族や僧侶にとっての静かな別荘地でした。今も、田舎らしい情緒が残っています。

詳しく
主な見どころのひとつが、渡月橋です。ここからは、嵐山をはじめとするエリアのパノラマ景観が楽しめます。1年のうち異なる時期に訪れると、川面に映る景色の季節による移り変わりを堪能することができます。

補足
この歴史のある橋は155メートルの長さがあり、最初に建造されたのはおそらく9世紀だろうと言われています。

第3章 京都の厳選ルート

✚ キーワード & ワンポイントアドバイス

渡月橋から、川上に向かって立ったとき、左手に見える山が嵐山、右手に見える丸い山が『小倉百人一首』 *Ogura hyakunin Isshu; One Hundred Poems by One Hundred Poets* で有名な小倉山です。172ページ「保津川下り」参照。

常寂光寺と落柿舎

\\\ 英語で言ってみよう ///

Through a bamboo forest and into a world of *wabi sabi*.

さわり
Walking further west into Mount Ogura, you will find some bamboo forests and some small but very charming old buildings that represent the spirit of *wabi sabi*. These buildings were often used as retirement houses by aristocrats and Buddhist priests.

詳しく
Jojakko Temple was built in the 16th (sixteenth) century by a Buddhist priest who used it as his retirement house. The temple offers a breathtaking view of the city of Kyoto.

補足
Rakushisha was at first the retirement house of Mukai Kyorai, the 17th (seventeenth)-century *haiku* poet. The world-famous *haiku* poet Matsuo Basho also stayed here to write.

覚えておきたい
語句・表現

bamboo forest 「竹林」
A that represent (s) B 「Bを（象徴的に）表すA」
retirement house 「隠棲の場」
A who used B as C 「BをCとして使ったAさん」
breathtaking 「（美しさをたとえて）息をのむような」
[b レ th テイキン g]

124

Jojakko Temple and Rakushisha

\\\\　　日本語で確認　　////

竹林を抜けてわびさびの世界へ

さわり　西へ歩を進め小倉山に入っていくと、竹林、そして小さいけれどもとてもすてきな、わびさびの精神が表れている古びた建物がいくつかあります。これらの建物は、貴族や仏教の僧侶の隠居としてよく用いられていたものです。

詳しく　常寂光寺は、16世紀にこの地に隠棲した仏教僧により建造されました。寺からの京都市内の眺めは息をのむような美しさです。

補足　落柿舎は当初、17世紀の俳人である向井去来が隠棲した場所でした。世界的に有名な俳人、松尾芭蕉もここに滞在し、俳句を書きました。

第3章　京都の厳選ルート

➕ キーワード ＆ ワンポイントアドバイス

「嵐山の竹林を抜けて、remote（人里離れた）な感じのところまで歩き、常寂光寺や落柿舎の方まで行ったこと」を、訪日体験で one of the things that left the strongest impressions（一番印象的だったことのひとつ）に数える外国人は多いです。

三千院

\\\\ 英語で言ってみよう //

Enjoy the atmosphere of a farming town.

さわり Ohara, located 10 (ten) kilometers north of central Kyoto, was once a remote countryside. Now it's a popular tourist destination, but you can still enjoy the atmosphere of a farming village.

詳しく Sanzen-in is the most famous spot in Ohara. You will see three Buddhist statues sitting side by side. The two *bosatsu* are sitting with their legs folded and their knees slightly open, which is rare for Buddhist statues.

補足 The Yusei-en, which is the moss garden inside the temple, is one of the most popular gardens for photographers in Japan.

覚えておきたい語句・表現

atmosphere 「雰囲気」【アｔマｓフィア】
once 「かつて」
countryside 「田舎」
still 「今も」
sit with one's legs folded 「足を折って座っている→正座をしている」
slightly 「かすかに」
moss 「苔」

Sanzen-in Temple

\\\\　　　日本語で確認　　　//

農村の雰囲気が残っている

さわり
京都中央部から北に10キロメートルのところにある大原は、かつて、辺鄙な田舎でした。現在は人気のある観光地ですが、農村の雰囲気を今も楽しむことができます。

詳しく
大原で一番有名な場所は三千院です。3体の仏像が隣同士に座っています。2体の菩薩像はひざを少し開き、正座をしていますが、この座り方をする仏像は珍しいのです。

補足
三千院の中にある苔園、有清園は、日本の写真家に最も人気のある庭園のひとつです。

➕ キーワード & ワンポイントアドバイス

大原に住む友人の西川理恵子さんが、次のように教えてくれました。「三千院への参道を上りきったところにかかっているのが呂川の橋。その橋を(北から南に)渡り、右側にある駐車場から田んぼ道に入ることができます。そこから西に向かって見る景色は子ども時代にタイムスリップしたような気持ちになります。そこから大原を見渡すと、寂光院側の山腹に霞がかかっていることもあり、一見の価値ありです」

寂光院
じゃっこういん

\\ 英語で言ってみよう //

The temple of a tragic empress.

さわり
This quiet temple in Ohara is well-known throughout Japan because of the story of a tragic empress: Kenreimon-in.

詳しく
Her story is told in one of the most famous war tales: The Tale of Heike. This story is about the battle between the families of Taira and Minamoto. Kenreimon-in, of the Taira Family, was saved alone by an enemy boat when the rest of her family died including her young son Emperor Antoku.

補足
After this, she was taken back to Kyoto, where she became a nun and lived in solitude in this temple.

覚えて
おきたい
語句・表現

tragic 「悲劇的な」【t ラジ k】
empress 「皇后」＊建礼門院は高倉天皇の中宮だった。
war tale 「軍記物語」
The Tale of Heike 「平家物語」
became a nun > become a nun 「出家する」
＊僧侶の場合 "become a monk（priest）".
in solitude 「孤独に（人目を避けて）」【ソリテューd】

Jakko-in Temple

\\\\　　**日本語で確認**　//

悲劇の皇后の寺

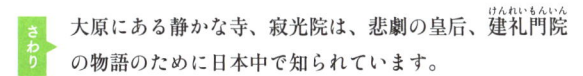

さわり
大原にある静かな寺、寂光院は、悲劇の皇后、建礼門院の物語のために日本中で知られています。

詳しく
建礼門院については、最も有名な軍記物語のひとつ『平家物語』に語られています。『平家物語』は平氏と源氏の間の争乱が題材です。建礼門院の幼い息子、安徳天皇を含め、平家は滅亡しますが、建礼門院だけが敵の船に救われます。

補足
この後、建礼門院は京都に連れ戻され、出家し、独りで寂光院に住んだのです。

➕ キーワード ＆ ワンポイントアドバイス

127ページに引き続き、大原で生まれ育った西川理恵子さんからいただいたコメントです。「草生町の寂光院までの道すがらの民家やその周りの風景が昔と変わらず、参道そのものが癒しを与えてくれ静かな気持ちにさせてくれます。振り向いたときに見える比叡山もいいですよ」

伏見稲荷大社
ふしみいなりたいしゃ

\\ 英語で言ってみよう //

Let's walk through thousands of *torii* gates.

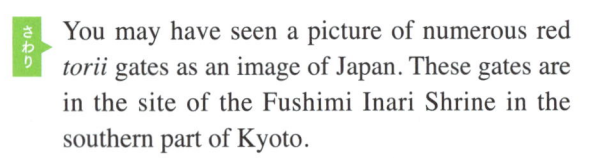

さわり You may have seen a picture of numerous red *torii* gates as an image of Japan. These gates are in the site of the Fushimi Inari Shrine in the southern part of Kyoto.

詳しく Although they are called "1,000 (one thousand) *torii* gates," there are actually about 10,000 (ten thousand) on the hill. They have been donated by merchants who wish for success and prosperity.

補足 If you would like to go through all of them, it will take a few hours and a lot of energy. But as you pass through the tunnel of gates, you will be taken into a mysterious world.

覚えておきたい語句・表現

You may have seen A 「あなたはAを見たことがあるかもしれない」
numerous 「多数の」
the site of the shrine 「境内」
donate 「寄付する」
prosperity 「繁栄」【pロsペリティ】
A will be taken into B
「AはB内へと連れていかれる（引き込まれる）」

130

Fushimi Inari Shrine

\\ 日本語で確認 //

千本鳥居をくぐろう

さわり
日本の写真で、数々の赤い鳥居が並んでいるものを見たことがあるでしょう。これは、京都の南部にある伏見稲荷大社の境内にあるんです。

詳しく
「千本鳥居」と呼ばれますが、実は山腹に約1万の鳥居が並んでいます。成功と繁栄を祈る商人たちから寄付されたものです。

補足
すべての鳥居をくぐり抜けるには、2、3時間かかり、たくさんのエネルギーが必要です。しかし、鳥居のトンネルをくぐり抜けているうちに、神秘的な世界へいざなわれることでしょう。

✚ キーワード ＆ ワンポイントアドバイス

平等院や大阪城（Osaka Castle）または奈良の大仏（the Grand Buddha of Nara）に足を延ばす予定のある人は、同日にスケジュールを組んで、電車で移動するといいでしょう。

平等院

\\ 英語で言ってみよう //

It's on the front of a ten-yen coin.

さわり Do you have a ten-yen coin? The picture on the front side of this coin is the Phoenix Hall of Byodo-in in Uji. You can also see one of the ornamental phoenixes up close on the back of a 10,000 (ten thousand) yen bill.

詳しく The Hall, representing the shape of a phoenix with its wings open, is the original building. This was constructed in the 11th (eleventh) century by the powerful Fujiwara Family.

補足 It is built on an island, and the water in front of the building gives a beautiful reflection. This style of garden represents the Buddhist paradise.

覚えておきたい 語句・表現

phoenix 「鳳凰」【フィーニks】
ornamental 「装飾の」
up close 「アップで」
construct 「建設する」
powerful 「権力の強大な」
Buddhist paradise 「極楽浄土」 ＊キリスト教の「天国」は heaven。

Byodo-in Temple

日本語で確認

10円玉の表の絵

さわり 10円玉を持っていますか？ 表側の絵は、宇治の平等院の鳳凰堂です。また、1万円札の裏には、装飾された鳳凰のひとつをアップで見ることができます。

詳しく このお堂は、鳳凰が羽を広げたような形を表しており、11世紀に強大な権力をもっていた藤原家が建造した当初の建物を遺しています。

補足 お堂は中島に建てられており、前方の池の水が建物を美しく映しています。庭園は仏教の極楽浄土を表現しているのです。

➕ キーワード & ワンポイントアドバイス

　キーワードは the Buddhist paradise（極楽浄土）。You can see the Buddhist paradise as imagined by the 11th-century Japanese.（11世紀の日本人が思い描いた極楽を垣間見ることができます）、と話してもいいでしょう。

　大阪または奈良への訪問スケジュールと組み合わせると、アクセスしやすいです。

column

京都のけったいなイベント

　日本語で聞いても愉快な名前の付いた行事が大まじめに催されていることがありますが、これらを英語に直訳してみるとさらにコミカルなので会話のネタとして使えます。

　たとえば、真如堂などの「虫払い」は直訳すると、Insect brush-off at a temple です。「虫を払うためにお寺で催される行事」と聞くと、私などは、お坊さんがお堂で、袈裟のたもとを翻して殺虫スプレーを撒き散らしているイメージが脳裏をよぎります。実際は寺宝を空気にさらして虫がついたりカビたりしないようにするという意味なので、airing of the temple treasures ということです。

　また、五智山蓮華寺などで行なわれる「きゅうり封じ」を英訳すると Cucumber Services（きゅうりの儀式）。いったい何のことだろう？　と興味をかき立てられます。これは、病気を患う人が病名を紙に書いてきゅうりを包み、患部をなでて川に流したり、土に埋めたりして治癒を願うもの。

　法輪寺などで行なわれる針供養は（Memorial Services for Needles）も、外国人をキョトンとさせる言葉。針のために hold memorial services（供養の式を行なう）とはまたなんでや？　という反応が主流です。実際には、日本人が衣服作りを大切にしてきた歴史が反映されているのでしょう。

第4章 京都の行事

葵祭
あおいまつり

\\ 英語で言ってみよう //

You can see the people of the court from 1,000 years ago.

さわり The Aoi Festival, held on May 15th (fifteenth) every year, is one of Kyoto's three major festivals. It is a parade of hundreds of people dressed in clothes worn in the court around 1,000 (one thousand) years ago.

詳しく This old festival was originally ordered by an emperor in the 6th (sixth) century. The festival even appears in The Tale of Genji, the famous classical novel written 1,000 years ago.

補足 The one-kilometer parade starts from the Old Imperial Palace Gardens, goes through Shimogamo Shrine, and ends at Kamigamo Shrine.

覚えて おきたい 語句・表現

A held on B 「Bに開催されるA」 Bは日付。
hundreds of A 「何百ものA」
A dressed in B 「Bを着たA」
A worn in B 「Bで着られたA」 * worn > wear（着る）
「結婚式で着たドレス」は "the dress worn in the wedding"。
ordered by an emperor 「天皇から命令された→勅令の」
A even appears in B 「AはBにさえ登場する」

Aoi Festival

\\\ **日本語で確認** ///

1,000年前の貴族に出会える

さわり
毎年5月15日に開催される葵祭は、京都三大祭のひとつです。約1,000年前の宮廷さながらの衣装をまとった何百人もの人が行列して歩きます。

詳しく
この祭りの歴史は古く、6世紀の天皇の勅令(ちょくれい)により始まりました。1,000年前に書かれた有名な古典小説『源氏物語』にさえ、この祭りが登場します。

補足
行列は1キロメートルにわたり、京都御苑(ぎょえん)からスタート。下鴨(しもがも)神社を経て、上賀茂(かみがも)神社に到着します。

第4章 京都の行事

➕ キーワード & ワンポイントアドバイス

平安朝の貴族の衣装や使われた牛車(ox carts)が忠実に再現(authentic replicas)されるところが、一番の見どころ。1キロメートルにわたって豪華絢爛に繰り広げられる平安朝の世界は、外国人にとってのまれな撮影チャンスでもあります。120ページ「京都御苑」参照。

137

祇園祭

\\\\ 英語で言ってみよう //

One of the three major festivals of Japan.

さわり The Gion Festival, held in July, is one of the three major festivals of Japan. It started in the 9th (ninth) century when the emperor ordered a religious ritual to help against some epidemics.

詳しく The highlight of the festival is a parade of about 30 (thirty) decorated floats on July 17th (seventeenth). In this parade, performers sing, dance, and play traditional instruments.

補足 There are various events before and after the big parade. The streets are extremely busy on the night before the parade, when many stalls line the streets and *machiya* houses open their doors to show their treasures.

覚えて おきたい 語句・表現

religious ritual 「宗教儀式」
help against A 「Aに対抗するために役立つ」
epidemics 「伝染病、疫病」
float 「(祭などの)鉾」
instrument 「楽器」
stall 「露店」
treasure 「宝、家宝」

Gion Festival

\\\\ 日本語で確認 //

日本三大祭のひとつ

さわり
7月に開催される祇園祭は日本三大祭のひとつです。9世紀、天皇の勅命で、疫病退散のために宗教儀式が行なわれたのがその起源です。

詳しく
祭りのハイライトは7月17日、約30の装飾された山鉾の巡行です。山鉾巡行では、歌や舞いが披露されるほか、伝統楽器の演奏(祇園ばやし)などが行なわれます。

補足
大型行事である山鉾巡行の前後にもさまざまなイベントが催されます。町がとても混雑するのは宵山(山鉾巡行の前夜)で、数多くの屋台が通りに並び、町家が開かれ、家宝が展示されます。

第4章 京都の行事

＋ キーワード ＆ ワンポイントアドバイス

祇園祭関連のイベントは7月中1ヶ月にわたって行なわれますが、やはり、ハイライトである16日の宵山と17日の山鉾巡行は一度は見ておきたいものです。筆者の知り合いの京都在住アメリカ人とオーストラリア人にも「祇園祭オタク」がいて、コネを使って鉾曳きに参加していました。

五山の送り火

\\\\ 英語で言ってみよう //

Letters of flame float in the sky.

さわり In mid-August, large bonfires are lit on five mountains that surround the city of Kyoto. This Buddhist event is held on the last day of *obon*, or Ancestor Festival.

詳しく The bonfires light up the evening sky with *kanji* characters. Some of the strokes in these characters are more than 100 (one hundred) meters long. The burning characters appear as though they are floating in the sky.

補足 It is said that the souls of the ancestors return to this world during this period. The bonfires are lit to help the souls return to the afterworld.

覚えて
おきたい
語句・表現

flame 「炎、炎を上げる」
bonfire 「かがり火」＊ bon はお盆の盆とは関係ない。
lit > light 「(火や灯りを) ともす」
Ancestor Festival 「先祖の慰霊祭→お盆」【アンセｓタ】
stroke 「(文字の) 画」
help A [v] 「A が [v] するのを助ける」
afterworld 「死後の世界、あの世」

Bonfires on Five Mountains

\\\\　　**日本語で確認**　　//

文字が炎になって、空に浮かぶ

さわり　8月中旬の夜、京都では、町を囲む五山に大きなかがり火がともされます。これは仏教の行事で、お盆の最後の日に開催されます。

詳しく　かがり火は文字の形をしています。文字の中には1画が100メートル以上あるものもあり、炎の文字が空に浮かんでいるように見えます。

補足　この期間、先祖の霊が現世に戻ると言われています。かがり火は霊があの世に戻る案内をするためにともされます。

第4章　京都の行事

✚ キーワード & ワンポイントアドバイス

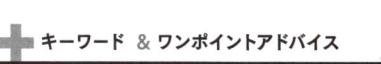

5つの送り火すべてが見える場所は珍しいのですが、観光地の中で、送り火見物に人気があるのが京都御苑内です。嵐山の渡月橋や広沢池付近では灯ろう流し（lantern floating）も行なわれます。

大覚寺の観月の夕べ

\\ 英語で言ってみよう //

Enjoy the full moon from a boat!

さわり Of all the full moons throughout the year, the one in September is the most celebrated in Japan. This full moon marks the beginning of the harvest season, and some temples and shrines hold moon viewing events to pray for good harvest.

詳しく The moon viewing event at Kyoto's Daikaku Temple is famous. Here you can sit on a boat and enjoy the moon and its reflection on the pond.

補足 It is said that moon viewing was once a farmer's event in Japan. In this old event, the moon was thought to be a god.

覚えておきたい語句・表現

of As, B is... 「Aの中でもBは…」
celebrate 「祝う」【セレｂレイt】
A mark(s) B 「AはBを示す」
harvest season 「収穫期」
farmer 「農民」

An Evening of Moon Viewing at Daikaku Temple

\\　　日本語で確認　　//

船に乗って月を愛でる

さわり 日本では、年間の満月の中でも9月の満月を一番祝います。9月の満月は収穫期の始まりを表すものであり、寺や神社の中には観月の行事を開いて、豊作を祈るところがあります。

詳しく 京都の大覚寺の観月行事が有名です。船に座り、空の月と池に浮かぶ月を楽しむことができます。

補足 日本ではかつて、観月は農民の行事であったと言われています。この古(いにしえ)の行事では、月は、農民たちに神であると考えられていました。

第4章　京都の行事

＋ キーワード ＆ ワンポイントアドバイス

　京都ではこの時期、数々の寺と神社で月見のイベントが開催されますので、9月に京都に行ったなら、ぜひ足を延ばしてみましょう。外国人には、日本にはこのように自然の美しさを愛でるための情緒あるならわしがあることに感心する人が多いです。

下鴨神社の流鏑馬神事

\\ 英語で言ってみよう //

One of the most spectacular events in Kyoto.

さわり Held in May, this Shinto ritual is one of the most spectacular events in Kyoto. Archers, dressed as Japanese aristocrats or *samurai* from 1,000 (one thousand) years ago, ride their horses at full speed for 500 (five hundred) meters while shooting arrows at targets.

詳しく This event is held before the Aoi Festival to purify the route of its procession and to wish for its safety and success.

補足 Shimogamo Shrine enshrines the same deity as Kamigamo Shrine of northern Kyoto, and they are both designated as World Cultural Heritage sites.

覚えて おきたい 語句・表現

ritual 「儀式」
spectacular 「壮観の」【s ペ k タキュラ】
archer 「射手」
clothes 【k ロウ z】服装の複数形で、*-thes は [z] の発音
conducted > conduct 「執り行う」
procession 「行列」

Horseback Archery at Shimogamo Shrine

日本語で確認

京都でもっとも壮観な行事のひとつ

さわり 5月に行なわれる神道の儀式で、京都でもっとも壮観な行事のひとつです。射手が1,000年前の貴族や武士の格好をして乗馬し、500メートルを全力で走りながら的に向かって矢を放ちます。

詳しく この行事は葵祭の前儀式であり、祭りの成功と安全を願うほか、行列の経路を清め祓うために執り行なわれます。

補足 下鴨神社と、町の北のほうにある上賀茂神社は同じ神を祀っており、双方とも世界遺産に指定されています。

第4章 京都の行事

✚ キーワード ＆ ワンポイントアドバイス

「下鴨神社と上賀茂神社は、3、4世紀に設立されたとされ、日本で最も古い神社の類に入ります」は、The Shimogamo and Kamigamo Shrines are among the oldest in Japan. They were constructed in the 3rd or 4th century. と説明します。

時代祭

\\ 英語で言ってみよう //

A parade of classical fashion.

さわり
This annual festival is held in October. It is a parade by thousands of Kyoto locals who dress up in costumes from the various eras between the 8th (eighth) and 19th (nineteenth) centuries.

詳しく
The festival was originally held to celebrate the construction of the Heian Shrine in 1895 (eighteen ninety-five), which was the year of Kyoto's 1,100th (one thousand one hundredth) anniversary.

補足
The costumes are said to be authentic replicas. Most of the dyeing and weaving of the costumes are done in the original way.

覚えて
おきたい
語句・表現

annually 「毎年」
thousands of A 「何千ものA」
dress up 「盛装する」
era 「時代」＊江戸時代は Edo Era または Edo Period。
dyeing 「染色」
weaving 「織り」

Festival of the Eras

\\\\　日本語で確認　//

古典衣装のきらびやかな行列

> さわり

時代祭は年中行事で、10月に開催されます。何千人もの京都の地元民が8世紀から19世紀のさまざまな時代の格好で盛装し、行列に参加します。

> 詳しく

この祭りはもともと、京都が遷都1,100年を祝福した1895年の平安神宮の建設を記念して始められました。

> 補足

衣装は本格的な複製であると言われています。衣装の染色と織りのほとんどが、元来のやり方で行なわれています。

第4章　京都の行事

✚ キーワード ＆ ワンポイントアドバイス

「元来のやり方の染色と織り」とは、友禅染（Yuzen dyeing）や西陣織（Nishijin weaving）などのこと。10月に京都を訪れる人の間では、日中には時代祭、夕暮れからは鞍馬の火祭が開催される22日が人気です。108ページ「平安神宮」、148ページ「鞍馬の火祭」、158ページ「友禅染」、160ページ「西陣織」参照。

鞍馬の火祭

\\ 英語で言ってみよう //

One of Kyoto's strangest festivals.

さわり
The Fire Festival of Kurama is said to be one of the three "strangest" festivals of Kyoto. It is held in October in the small village of Kurama in the northern hills of Kyoto.

詳しく
On this day, groups of men clad in loincloths raise torches and parade the streets yelling. Smoke fills the sky. The parade ends at the local Yuki Shrine, where the men make offerings to the shrine's gods.

補足
The festival started around the 10th (tenth) century, when villagers held torches to welcome a god into Yuki Shrine.

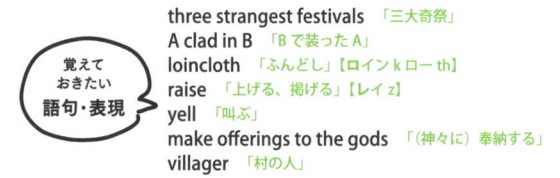

覚えて
おきたい
語句・表現

three strangest festivals 　「三大奇祭」
A clad in B 　「B で装った A」
loincloth 　「ふんどし」【ロイン k ロー th】
raise 　「上げる、掲げる」【レイ z】
yell 　「叫ぶ」
make offerings to the gods 　「(神々に) 奉納する」
villager 　「村の人」

The Fire Festival of Kurama

\\\\　　日本語で確認　　//

京都三大「奇祭」のひとつ

さわり 鞍馬の火祭は、京都の三大奇祭のひとつです。京都の北部の山あいにある鞍馬という小さな町で 10 月に開催されます。

詳しく この日、ふんどしを付けた男性の行列が松明(たいまつ)を掲げ、叫び声をあげながら町を練り歩きます。空は煙で満たされます。行列は地元の由岐(ゆき)神社に到着し、そこで行列の男性が神社の祭神に奉納します。

補足 鞍馬の火祭は、地元の村民が由岐神社の神を松明で歓迎した 10 世紀頃に始まりました。

第4章 京都の行事

✚ **キーワード & ワンポイントアドバイス**

例年、時代祭と同じ 10 月 22 日に開催されます。ふんどしを付けた男性群が赤々と燃える大きな松明をかざし、「サイレイ、サイリョウ！」と空に怒号をとどろかせて練り歩く様は非常に印象的で、the most interesting festival I saw in Japan（日本で一番おもしろかった祭）に挙げる外国人は多いです。146 ページ「時代祭」、174 ページ「鞍馬の温泉」参照。

嵐山もみじ祭

\\\\ 英語で言ってみよう //

Enjoy some traditional performances and beautiful red maples.

さわり Momiji Matsuri, or Maple Festival, is held each year in November in the Arashiyama area. At this elegant festival, you will see boats on the Oi River around the Togetsu Bridge. On each boat, performers present traditional performing arts such as *noh* and *kyogen*.

詳しく Recreational boat rides in Arashiyama date back about 1,000 (one thousand) years. Back then aristocrats enjoyed making poems while taking leisurely rides on their boats.

補足 The festival is held in appreciation of Arashiyama Zao Gongen, the guardian of the area. Gongen is Japan's unique Buddhist deity.

覚えて
おきたい
語句・表現

present 「披露する」
recreational 「レクリエーションの」
back then 「当時」
leisurely 「くつろぎの」
in appreciation of A 「Aに感謝して」
unique 「独自の」
deity 「神」 god の類義語。【ディーティー】

The Arashiyama Maple Festival

\\\ 日本語で確認 //

伝統芸能と紅葉を堪能できる

さわり
「もみじ祭」を英訳すると Maple Festival。毎年 11 月に嵐山地区で開催されます。優雅な祭で、渡月橋の周辺の大堰川(おおいがわ)に舟が浮かべられます。それぞれの舟上で、能や狂言のような伝統芸能が披露されます。

詳しく
嵐山でのレクリエーションとしての舟遊びの歴史は、約 1,000 年前にまでさかのぼります。当時、貴族たちは舟上でくつろぎ、和歌を詠んで楽しみました。

補足
この祭りは、嵐山地区を守護する嵐山蔵王権現(ざおうごんげん)に感謝するために行なわれます。権現は日本独自の仏教の神格者です。

第 4 章　京都の行事

＋ キーワード ＆ ワンポイントアドバイス

嵐山もみじ祭りでは、観光、紅葉、伝統芸能が一度に楽しめます。ちなみに、北米の東北部に多く、カナダ国旗にもなっているメープルは、日本のもみじより 1 枚 1 枚の葉が大きいのですが、双方ともカエデの一種。もみじの英訳は Japanese maple となります。

天神さん、弘法さん

\\ 英語で言ってみよう //

Outdoor antique flea markets.

さわり
At many shrines and temples of Kyoto, you can enjoy outdoor flea markets every month. The markets held monthly at Kitano Shrine and To-ji Temple are especially large, and locals endearingly call them 'Tenjin-san' and 'Kobo-san'.

詳しく
Many of these stalls feature antiques. You can also enjoy games and street foods such as octopus balls and cotton candy.

補足
The markets held at shrines or temples are normally open on the day of the month commemorating an important event such as the birthday of the founder.

覚えて
おきたい
語句・表現

antique 「骨董品、アンティーク」【アンティー k】←アクセントの位置に注意
flea market 「のみの市」＊ flea は虫の蚤のこと。
endearingly 「親しみをこめて」【インディアリン g リー】
street food 「屋台の食べ物」
the day of the month commemorating A 「1 ヶ月のうち、A を記念する日」
founder 「創立者、創始者」

Outdoor Flea Markets at Temples

\\\ 日本語で確認 ///

骨董品のあふれる野外のみの市

さわり 京都の神社や寺では、毎月野外のみの市が開催されます。北野天満宮と東寺の縁日で開かれるのみの市は特に大きくこれらは、親しみを込めて「天神さん」「弘法さん」と地元民に呼ばれます。

詳しく これらの露店の多くが、骨董品を取り扱っています。また、たこ焼きや綿菓子などの屋台の食べ物やゲームも楽しめます。

補足 神社や寺の縁日は通常、創始者の誕生日など、重要な行事を記念する日に開かれます。

第4章 京都の行事

✚ キーワード & ワンポイントアドバイス

　東寺については、The 21st day of the month commemorates the death of Kukai, who established the Shingon Sect of Buddhism based on this temple.（月の21日は、東寺を基盤に仏教の真言宗を築いた空海の命日です）と説明できます。

能と狂言

\\ 英語で言ってみよう //

Japan's oldest theatrical art.

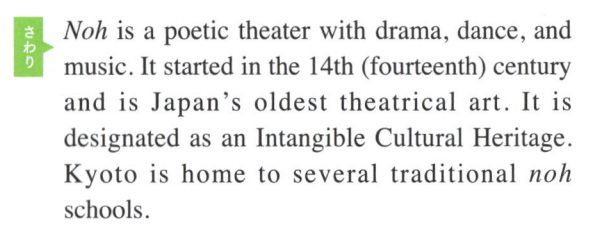

さわり
Noh is a poetic theater with drama, dance, and music. It started in the 14th (fourteenth) century and is Japan's oldest theatrical art. It is designated as an Intangible Cultural Heritage. Kyoto is home to several traditional *noh* schools.

詳しく
Noh is performed based on classical scripts. During the 14th century Zeami established the art of *noh*. He lived in Kyoto, and wrote, produced, and performed *noh*. His scripts are masterpieces of Japanese classical literature.

補足
Kyogen is a comedy performance played between *noh* shows.

覚えておきたい
語句・表現

theatrical 「演劇の」【スィアｔリカｌ】
Intangible World Heritage 「無形世界遺産」【インタンジブｌ】
poetic theater 「詩劇」＊せりふそのものが詩であるもの。
perform 「舞う」
classical script 「古典の台本→（能楽の）謡曲」
Japanese classical literature 「日本の古典文学」
school 「流派」

154

Noh and Kyogen Theater

\\ 日本語で確認 //

日本最古の舞台芸術

さわり
能楽はドラマ、舞、音楽から成る詩劇です。その歴史は14世紀にまでさかのぼる、日本最古の舞台芸術で、無形世界遺産に指定されています。能の伝統的な流派のいくつかが、京都を本拠地としています。

詳しく
能は古典である謡曲（ようきょく）に基づいて舞われます。14世紀、世阿弥（ぜあみ）が能の芸術を大成しました。世阿弥は京都に住み、作品を書き、プロデュースし、舞いました。彼が書いた作品は日本古典文学の傑作です。

補足
狂言は、能の間に行われる喜劇です。

第4章 京都の行事

✚ キーワード ＆ ワンポイントアドバイス

謡曲の文は古典です。It's a poetic theater.（詩劇です）と伝えると謡曲の意味を少しわかってもらえます。mask theater（仮面劇）という説明もあります。能楽の始まりについては、本文では世阿弥が能を芸術形式とした14世紀としました。

155

column

関西人とイギリス人とカナダ人

　関西の人は、東京を優越感と劣等感の混じった複雑なまなざしで見ているものです。関西人が東西をしょっちゅう比べるのは対抗意識の表れにほかなりません。首都、そして第一の経済都市の座を奪われただけでなく、戦後には東京は世界的なお金持ちにまでのし上がりました。「でも、こっちにはもっと歴史も文化もあるし、関西人はおもろいで。言葉かてどこに行っても変えへんで」

　あ、どこかで見たことあるような現象。関西―東京という構図が、イギリス―アメリカにあてはまるではありませんか。アメリカに住むイギリス人が往々にしてイギリス英語で通すあたりは、まるで東京の関西人。普通、アクセントは周囲に影響されて変わってくるものですが、イギリス人と関西人は自分の言葉にとても一途(いちず)。

　また、「私らの方がおもろい」という「複雑な優越感」はカナダ人がアメリカに対してもっている感情に似ていそうです。日本で関西からお笑い芸人がよく生まれるように、北米ではカナダからよくコメディアンが生まれるのです。例えば、ジム・キャリーさん、マイク・マイヤーズさんはカナダ人。関西の人は東京、カナダの人はアメリカという主流を斜めから見ているので、ユニークな視点をもっているところが受けるのかもしれません。

第5章 京都を体験

友禅染
ゆうぜんぞめ

\\\\ 英語で言ってみよう //

Let's create our own Yuzen cloth.

さわり) Yuzen is one of the finest *kimono* dyeing techniques in the world. Its colorful and detailed patterns are achieved by numerous steps.

詳しく) A famous technique of *Yuzen* is the use of starch. A starch worker traces the lines of the drawing with starch. When the starch is dry, a color worker applies colors to the sections enclosed by the lines of solidified starch. Finally, the starch is melted away. This way, the colors don't smudge even on detailed patterns.

補足) Many shops and galleries open their studios for visitors to watch and to experience Yuzen dyeing.

覚えておきたい 語句・表現

detailed 「細かい」
starch 「でんぷん、糊」
trace 「なぞる、トレースする」
enclose 「囲む」
solidified 「固形化した」【ソリディファイ d】
melt away 「溶かす」
smudge 「(色などが) にじむ」

Yuzen Dyeing

\\\\　　　日本語で確認　　　//

自分だけの友禅を

さわり
友禅は世界最高の着物の染色技術のひとつです。色鮮やかで、細部にまでこだわったその模様は、数々のプロセスを経てできあがるものです。

詳しく
友禅の有名な技術に、糊の使用があります。糊おきの職人が、糊で絵柄の線をなぞります。糊が乾いたら、色付けの職人が、固体になった糊の線で囲まれた部位に色を塗ります。最後に、糊を溶かします。このようにすることで、細かい模様であっても色がにじまないのです。

補足
店やギャラリーの多くが工房を開放しており、一般の客も友禅染を見学したり、自身が体験することができます。

✚ キーワード ＆ ワンポイントアドバイス

世界の染め物の中でも、友禅染ほど細部にまでこだわった（detailed）美を実現したものは珍しいものです。京都には、ハンカチからのれんまで、もって帰れるものを自分で染める友禅ワークショップを開催する店があります。

西陣織

\\ 英語で言ってみよう //

Let's hand-weave Kyoto textiles.

さわり The Nishijin area is world famous for its unique method of weaving silk fabrics. These fabrics are thought to be among the world's finest, and have catered to the needs of aristocrats, temple priests, and performers of traditional theater.

詳しく There are about twenty stages in the process of making Nishijin textiles, including planning, design, material preparation, and weaving. One famous characteristic of Nishijin weaving is that the silk threads are dyed before they are woven.

補足 Visitors to Kyoto can participate in workshops in some galleries and centers for Nishijin textile.

覚えて
おきたい
語句・表現

hand-weave 「手で織る」
cater to A 「A に対応する」
method 「方法」
preparation 「準備」
one characteristic is that [sv] 「ひとつの特徴は [sv] である」
thread 「糸」
woven > weave 「織る」

Nishijin Textiles

\\\\ 日本語で確認 //

手織りに挑戦

さわり 西陣地区は、絹織物を織る独自の手法で世界的に有名です。世界最高の織物のひとつと考えられており、貴族、僧侶、伝統芸能のアーティストたちのニーズに応えてきました。

詳しく 西陣織の制作には、企画、デザイン、原料準備、製織りをはじめ、約20の工程があります。西陣織の有名な特徴のひとつに、織る前に絹糸が染められているという点があります。

補足 京都を訪れた人は、ギャラリーや西陣織のためのセンターでワークショップに参加することができます。

第5章 京都を体験

➕ キーワード ＆ ワンポイントアドバイス

西陣織の美を楽しむには、西陣織会館（http://www.nishijin.or.jp/kaikan/）などで展示を見学し、「手織り体験」（Nishijin textile hand-weaving workshops）に参加するのが一番です。180ページ「和服」参照。

清水焼
きよみずやき

\\\ 英語で言ってみよう ///

Let's make Kiyomizu pottery.

さわり For a long time, the people of Kyoto have valued pottery making as an important art. Pottery has developed alongside other art forms such as the tea ceremony, flower arrangement and *kaiseki* cuisine. Kiyomizu pottery is especially famous.

詳しく Every summer in mid-August, a pottery festival is held in the Kiyomizu-dera area. Many studios open their doors to the public. You can watch the artisans make pottery and participate in the workshops.

補足 Today Kiyomizu potters produce all kinds of work including Western tableware. You will definitely find something you would like to take home.

覚えて
おきたい
語句・表現

value 「価値を置く、重んじる」
alongside A 「Aと並行して、Aといっしょに」
artisan 「職人」＊artistに比べ、手工業の職人の意味が濃い。
potter 「陶芸家」
definitely 「確実に、絶対に」【デフィネｔリ】

Kiyomizu Pottery

\\\ 日本語で確認 ///

清水焼の器づくりにチャレンジ

さわり
陶磁器作りは、京都で長い間、重要な美術として重んじられてきました。陶器は、茶道、華道、懐石料理といったほかの芸術形式といっしょに発展してきました。清水焼は特に有名です。

詳しく
毎夏、8月中旬に、清水寺のある地域で陶器祭が開催されます。多くの工房が一般に公開されます。職人による陶磁器作りを見学し、またワークショップに参加することができます。

補足
現在、清水焼の陶芸家は西洋の食器類を含むさまざまな作品を制作しています。もって帰りたいものを何か確実に見つけることができますよ。

✚ キーワード ＆ ワンポイントアドバイス

京都の伝統技術は世界のハイテクの発展にも貢献しています。Some global corporations based in Kyoto used Kyoto's traditional ceramics technology to develop their products. A good example of this is Kyocera.（京都に本社をもつグローバル企業の中に伝統的な陶磁器の製造技術を用いて製品を開発したところがあるんです。その例のひとつが京セラです）と話せます。

茶の湯

\\\\ 英語で言ってみよう //

Let's attend a tea ceremony.

さわり Attending an authentic tea ceremony in Kyoto is a very special experience. The tea ceremony is much more than just drinking good green tea. Actually it's a ritual where you can have a spiritual and artistic experience.

詳しく There are many procedures to follow, which will lead to a harmonious relationship between the host and the guests.

補足 When you attend a tea ceremony, you will be sitting in a *tatami* room. The proper way to sit is to fold your legs under you.

覚えておきたい 語句・表現

tea ceremony 「茶道」*茶会、茶の湯の意味で用いることも。
attend 「出席する」
A is much more than just B 「AはBであるだけではない」
artistic 「芸術的な」
procedure 「手順」【pロスィージャ】
host 「茶会の亭主」
fold your legs under you 「（あなたの）下で足を折る→正座する」

164

Attending a Tea Ceremony

日本語で確認

茶会に参加してみよう

さわり 本格的な茶の湯は、とても特別な体験です。茶の湯はおいしい緑茶をいただくだけではなく、それをはるかに超えた体験なんです。実のところ、スピリチュアルで芸術的な経験をもたらすひとつの儀式です。

詳しく 数多くの手順に従いますが、これにより、亭主と客人の間に、調和のある関係が生まれます。

補足 茶会へ出席すると、畳の部屋に座ることになります。正式な座り方は、正座です。

✚ キーワード & ワンポイントアドバイス

茶道には和の文化の美が集約されているようなところがあり、ぜひとも外国人に体験していただきたいものです。キーワードは spiritual and artistic experience（スピリチュアルで芸術的な体験）。
80 ページ「緑茶」参照。

華道

\\ 英語で言ってみよう //

Let's try a traditional way of arranging cut flowers.

さわり Japan has its own art of arranging cut flowers called *kado*, which means "the way of flowers." It is said that *kado* was established between the 14th(fourteenth) and 16th(sixteenth) centuries at Rokkaku-do Temple in Kyoto.

詳しく Currently, there are many schools of *kado* that have different styles. Many of the major schools are based in Kyoto.

補足 The traditional schools arrange flowers to represent the elements of heaven, earth, and human. These days, however, some schools are trying new forms.

覚えておきたい語句・表現

arrangement 「配置」
arrange 「(花を) 生ける」【アレインジュ】
kado schools that have A 「A を持つ華道の諸流派」
represent 「表す、表現する」

Japanese Flower Arrangement

\\\\　**日本語で確認**　//

切り花を生ける伝統技法

さわり
日本には切り花をアレンジする独自の芸術があり、華道と呼ばれます。「華(花)の道」という意味です。華道は、京都の六角堂で14世紀から16世紀ごろに確立したと言われています。

詳しく
現在、さまざまな流派があり、それぞれの様式をもっています。主な流派の多くが京都を本拠地としています。

補足
昔ながらの流派は「天」「人」「地」という3要素を表現するように花を生けます。しかし、最近では新しい形に挑戦する流派もあります。

第5章 京都を体験

＋ キーワード ＆ ワンポイントアドバイス

「各流派が独自に生け方を発展させてきたんです」は、Each school has developed a style of its own. と伝えることができます。しかし昨今、日本の生け花と西洋の flower arrangement（フラワーアレンジメント）または floral design（フローラルデザイン）は、お互いに影響され、違いが狭まってきているように思えます。

167

座禅

\\ 英語で言ってみよう //

Let's practice Zen meditation.

さわり *Zazen* is a practice of Zen meditation performed in a seated position. It is one of the basic training methods of Zen Buddhism.

詳しく Basically, you sit down on the floor and focus on your breathing. One of the goals is to achieve peace of mind and to see your true self. If you are distracted, an attending priest might hit you lightly on your back with a wood stick. This is done to help you regain your focus.

補足 *Zazen* sessions are held at many of the Zen temples in Kyoto throughout the year. Some of them welcome visitors.

覚えておきたい語句・表現

practice Zen meditation 「座禅を組む」 ＊「座禅」の英訳のひとつに Zen meditation があり、practice は「実践する」の意味。
practice 「実践方法」 ＊名詞。
breathing 「呼吸」
a peace of mind 「心の平静」
attending 「担当の、指導の」
distracted 「気が散っている」【ディ st ラ k ティ d】

Zazen

\\ 日本語で確認 //

座禅を組んでみよう

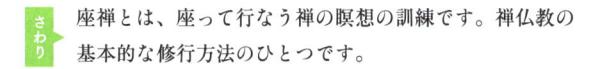

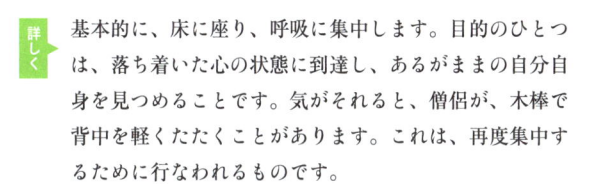

さわり
座禅とは、座って行なう禅の瞑想の訓練です。禅仏教の基本的な修行方法のひとつです。

詳しく
基本的に、床に座り、呼吸に集中します。目的のひとつは、落ち着いた心の状態に到達し、あるがままの自分自身を見つめることです。気がそれると、僧侶が、木棒で背中を軽くたたくことがあります。これは、再度集中するために行なわれるものです。

補足
座禅の会は年間を通して京都の禅寺の多くで行なわれています。観光客を歓迎するところもあります。

第5章 京都を体験

➕ キーワード ＆ ワンポイントアドバイス

座禅の目的とされる「無の境地（realm of nothingness）」と「悟りを開く（attain "enlightenment"）」は日本語でも非常に抽象的な表現で一口で説明できるものではありません。英語説明を要求された場合、禅理論を英語で展開できるという人以外は、It's an abstract Buddhist concept.（抽象的な仏教の概念なんです）と話しましょう。

尼僧体験
にそう

\\ 英語で言ってみよう //

Let's experience being a Buddhist nun.

さわり Some temples in Kyoto welcome female visitors to experience the daily practices of Buddhist nuns.

詳しく You will be dressed in a nun's *kimono* and will be given a rosary to hold. Real nuns shave their heads, but, don't worry, they won't shave your head. There is only a symbolic ritual where they cut a very small part of your hair.

補足 These courses often include lectures from the temple priests on topics such as prayer, *zazen*, and the practice of tracing images of Buddhas. You can also learn about and try *shojin* cuisine.

覚えておきたい語句・表現

Buddhist nun 「仏教の尼僧」
routine 「(日常の) 習慣」
rosary 「数珠」【ロウザリ】
symbolic 「シンボルとしての、象徴的な」
lecture 「説教、講義」
prayer 「祈祷」
tracing images of Buddhas 「写仏」

Buddhist Nun Experience

\\\\　　　日本語で確認　　//

仏教の尼僧一日体験

さわり
京都には、女性の観光客が尼僧の毎日の修行を体験できるお寺がいくつかあります。

詳しく
尼僧の袈裟を着て、数珠をもちます。本物の尼僧は髪を剃りますが、心配しないでください。髪は剃られません。ただ、シンボルとしての儀式が行なわれ、髪をほんの一部だけ切られます。

補足
尼僧体験の多くに、祈祷などについての僧侶の説教や座禅、写仏があります。また、精進料理について学んだり、食べたりできます。

✚ キーワード ＆ ワンポイントアドバイス

数年前、英語圏のリアリティー番組に、イギリスのヘビーメタル・ミュージシャン、オジー・オズボーンの「放蕩娘」、ケリーが日本体験をする『Kelly Turning Japanese（ケリーが日本人になる）』というものがあり、ケリーはその中で尼僧体験をしていました。外国人は言葉の問題もあり、ひとりでは行きにくいもの。日本人である読者の皆さんが誘ってみてはいかがでしょうか。56ページ「精進料理」参照。

保津川下り
ほづがわ

\\ 英語で言ってみよう //

Let's have a go at whitewater rafting.

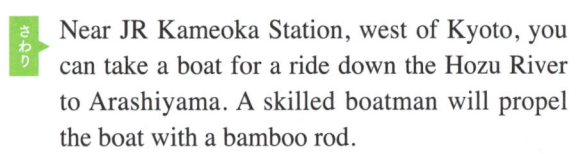

さわり Near JR Kameoka Station, west of Kyoto, you can take a boat for a ride down the Hozu River to Arashiyama. A skilled boatman will propel the boat with a bamboo rod.

詳しく It's a great way to enjoy the beauty of the western mountains of Kyoto. The cherry blossoms in spring and the red maple in fall are breathtaking.

補足 The tour is about two hours long and covers a distance of 16 (sixteen) kilometers. There are some rapids so you might get splashed!

覚えておきたい 語句・表現

have a go at A 「Aを試してみる、Aに挑戦してみる」
whitewater rafting 「急流下り」＊いかだに乗って急流を下るスポーツ。
boatman 「船頭」
propel 「おし進める」
bamboo rod 「竹竿」
rapid 「急流」
get splashed 「水が跳ねてかかる」

Sailing down the Hozu River

日本語で確認

洛西で急流下りにトライ

さわり 京都の西にあるJR亀岡駅の近くから、保津川を下って嵐山に至る船に乗ることができます。船頭が巧みに竹の竿(さお)をさばきます。

詳しく 保津川下りは、洛西(らくさい)の山々の美しさを楽しむのに最適です。春の桜の花と秋のもみじの紅葉は息をのむほどの美しさです。

補足 所要時間は約2時間で、16キロの距離をカバーします。急流もありますので、水が跳ねて濡れるかもしれません！

第5章 京都を体験

➕ キーワード ＆ ワンポイントアドバイス

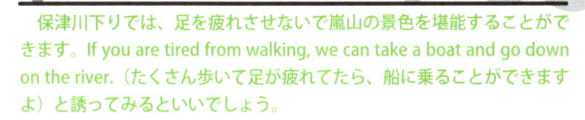

　保津川下りでは、足を疲れさせないで嵐山の景色を堪能することができます。If you are tired from walking, we can take a boat and go down on the river.（たくさん歩いて足が疲れてたら、船に乗ることができますよ）と誘ってみるといいでしょう。

173

鞍馬の温泉

\\ 英語で言ってみよう //

Let's take a dip and enjoy the scenic beauty.

さわり You can enjoy hot springs in the scenic Kurama area, in the northern hills of Kyoto. Kurama Onsen, near Kurama Temple, is a wonderful place to relax after a day of hiking in Kibune and Kurama.

詳しく They have indoor and outdoor public baths. We bathe naked, and men and women bathe separately. When you enter the bath, you will see a washing area with a stepstool to sit on. Please wash yourself first.

補足 When you are clean, you can go into the water and relax. In the outdoor bath, you can enjoy the beautiful view of the Kurama Mountains!

覚えておきたい語句・表現

take a dip 「ひと風呂浴びる」＊プールに入るときも使う。
scenic 「景色のいい」【スィーニk】
outdoor public bath 「屋外の公衆浴場→露天風呂のこと」
bathe 「風呂に入る」【ベイth】
separately 「別々に」
stepstool 「腰かけ」
＊日本のお風呂などで用いられる、踏み台のような低いイスのこと。

The Hot Springs in Kurama

\\\\　　**日本語で確認**　　//

美景を楽しみながらひと風呂浴びる

さわり　京都北方の山腹にある、景色の美しい鞍馬では温泉も楽しめます。鞍馬寺の近くにある鞍馬温泉は、貴船(きぶね)や鞍馬でのハイキングの1日の締めくくりに、リラックスするのに最高です。

詳しく　鞍馬温泉には、屋内浴場と露天風呂があります。日本人は裸で入浴し、男風呂と女風呂は別々です。風呂場に入ると洗い場があり、踏み台のようないすがあります。まず、かかり湯をしてください。

補足　きれいになったら、お湯に入ってリラックスしてください。露天風呂では、鞍馬山の美しい景色が楽しめますよ！

第5章　京都を体験

✚ キーワード ＆ ワンポイントアドバイス

キーワードは We bathe naked.（裸で入浴します）と Please wash yourself first.（最初に体をすすいでください）。知っている外国人も多いでしょうが、西洋の温泉リゾートは、水着で入浴して泳ぐこともできるプール式が多いため、一応念を押しておきます。

貴船神社の水占みくじ

\\ 英語で言ってみよう //

Let's see our fortune.

さわり The Kibune area in the northern mountains of Kyoto is blessed with excellent spring water. Kibune Shrine, at a source of Kyoto's Kamo River, enshrines the god of water and is worshipped by *sake* brewers and farmers.

詳しく In the shrine, you can draw a *mizuura-mikuji*, or "water fortune-telling card." Your fortune is printed on a piece of paper in a special way. Your fortune will appear only when you float the paper in the shrine's holy water.

補足 Kibune is also known for its lovely hiking trail. Restaurants open their patios on the river in summer.

覚えて おきたい 語句・表現

A is blessed with B 「AはBに恵まれている」
source 「源」
worship 「崇拝する」
draw 「(抽選などで) 引く」
fortune-telling 「占い」
a piece of paper 「1枚の紙」
holy water 「神水、聖水」

Water Fortune Telling at Kibune Shrine

\\ 日本語で確認 //

運勢を見てみよう

さわり 京都の北方の山あいにある貴船は、素晴らしい泉に恵まれています。賀茂川の源流沿いにある貴船神社は、水の神を祀っており、日本酒の蔵元や農家に信仰されています。

詳しく 貴船神社では、水占みくじを引くことができます。おみくじの結果は特別な方法で紙に印刷されていて、神社の神水に紙を浮かべたときにのみ、運勢は現れます。

補足 貴船はまた、すてきなハイキング道があることで知られます。夏には料亭などが川の上に床を出します。

第5章 京都を体験

➕ **キーワード ＆ ワンポイントアドバイス**

Holy water（聖水）という言葉が英語にもあるように、水信仰はキリスト教にもあり、天然の上質水が湧き出る泉が聖地とされることがあります。貴船神社とその水は、いわばその神道版。

ちなみに、キリスト教圏では、フランスのルルドの泉（英語では、Lourdes water）が有名です。

148ページ「鞍馬の火祭」と174ページ「鞍馬の温泉」参照。

column

「ぶぶ漬け、おあがりやすか」

　「京都の家を訪問してるときに、ぶぶ漬け（お茶漬け）おあがりやすか、と言われると、お引き取り願いたいってことなんだよ」と京都の外では言われているようです。

　確かに京都人には遠回しにものを言うところがあるかもしれません。しかし「ぶぶ漬け」に関しては、京都以外で勝手に言われている「京都神話」ではないかと私は思ってきました。そこで「どう見ても京都人」な友人数人に、「ぶぶ漬け攻撃をしかけるか、またしかけられたことがあるか？」と聞いてみました。老舗旅館や老舗料亭の関係者などです。

　十中八九、答えは「ノー」でした。かつてはあったのかもしれないし、あるいは今も一部の業種や地域ではあるのかもしれないけれど、実際には「次に用事があってすんまへんなあ」と言う人がほとんどです。

　では、英語圏では「お引き取り願いたい」をどうやって表すのでしょう。英語には直截的なイメージがあるかもしれませんが、実際には遠回しな表現も多いのです。Please leave. とはもちろん言いません。ビジネスミーティングでは、Well. や Thank you. などと言って席を立つこともありますが、通常はそわそわしたり、お客さんに飲み物をすすめるのを遅らせる人が多いように思います。

　結局、この話題の結論は「帰れ」と言いにくいのは万国共通ではないか、というものなのでした。

第6章 京都のおみやげ

和服

\\ 英語で言ってみよう //

The traditional ethnic dress.

さわり The Japanese wear a traditional ethnic dress called *kimono* on special occasions. There are different types of *kimono* for men and women of different ages.

詳しく You will see people in formal *kimono* at weddings, funerals, or traditional cultural gatherings. A woman's formal *kimono* can take more than one hour to put on. A single-layered *kimono* called *yukata* is easy to put on and is often worn in the summer. Some *yukata* are used as sleepwear.

補足 Many *yukata* are affordable, but a formal *kimono* made of Nishijin textile can cost more than one million yen.

覚えて
おきたい
語句・表現

ethnic dress 「民族衣装、着物」
gathering 「集会」
multi-layered 「いく重もの」
put on 「服を着る」
single-layered 「一重の」
affordable 「価格が手頃である」

Kimono

日本語で確認

伝統的な民族衣装

さわり 日本人は特別な機会には着物と呼ばれる伝統的な民族衣装を着ます。男性、女性、年齢によってさまざまな種類の着物があります。

詳しく 結婚式、葬式や伝統的な集まりではフォーマルな着物姿の人を見かけるでしょう。こういった着物は、着るのに1時間以上かかることもあります。浴衣と呼ばれる一重の着物は簡単に着ることができます。夏に着ることが多いです。寝巻きにするものもあります。

補足 浴衣は手頃な価格で入手できますが、西陣織で作られたフォーマルな着物は100万円以上することもあります。

第6章 京都のおみやげ

✚ キーワード & ワンポイントアドバイス

kimonoという言葉を知ってはいても、自分が着ることはとても無理だと思っている外国人は多いもの。フォーマルな着物を着るのは確かに難しいですが、カジュアルな浴衣は簡単であることを本文のように説明します。贈り物として喜ばれるものですので、本文のように *Yukata are affordable.*（浴衣は手頃な価格です）と教えてあげるといいでしょう。158ページ「友禅染」、160ページ「西陣織」参照。

181

風呂敷

\\\\ 英語で言ってみよう //

A versatile carrying bag.

さわり *Furoshiki* is a cloth of about one square meter that is used for wrapping things to carry. It is usually made of cotton or silk and comes in traditional Japanese patterns.

詳しく In Japan, people often use *furoshiki* to carry formal gifts. The furoshiki is not part of the gift, though, so after the gift is given, it is folded up and taken back home.

補足 There are different ways to wrap things depending on size and shape. You can even make *furoshiki* a stylish handbag.

覚えておきたい 語句・表現

- versatile 「多目的の、万能な」【ヴァーサタイl】
- square meter 「平方メートル」
- ..., though 「(節の最後に入れて)だが、(意外なことに) …」
- fold up A 「Aをたたむ」
- depending on A 「Aによって、A次第で」

Furoshiki, the Japanese Carrying Cloth

\\　日本語で確認　//

多目的用途のバッグ

さわり　風呂敷とは、約1メートル四方の布のことで、物を運ぶために用いられます。通常、綿かシルクでできており、日本の伝統模様が施されています。

詳しく　日本では、かしこまった贈り物を包んで運ぶためによく風呂敷を用います。ただし、風呂敷は贈答品には含まれておらず、贈り物を渡したらたたんでもって帰ります。

補足　物の大きさや形次第で、さまざまな包み方があります。風呂敷をおしゃれなハンドバッグにすることだってできるのです。

第6章　京都のおみやげ

➕ **キーワード ＆ ワンポイントアドバイス**

西洋の食卓では、特別な日には豪華なテーブルクロスやテーブルランナー（帯形のテーブルのデコレーションで、中央に花などを飾る）を使います。風呂敷や古帯は、You can also use it as a tablecloth or a table runner.（テーブルクロスやテーブルランナーとして使うこともできますよ）とすすめてもいいでしょう。

陶磁器

\\ 英語で言ってみよう //

There are many famous studios.

さわり: In Kyoto, there are many studios that produce earthenware and porcelain products using their own unique processes.

詳しく: Earthenware is made from clay, and porcelain is made from a paste of powdered stone. The Japanese word *tojiki* means "pottery," and includes both "earthenware" and "porcelain."

補足: The temperature and duration of heating depend on the material and the desired outcome. The famous Raku Pottery is shaped by the human hand without using a potter's wheel. Raku Pottery developed with the tea ceremony in the 16th century.

覚えておきたい語句・表現

studio 「工房」【sテューディオ】いわゆる「窯元」のこと。
earthenware 「陶器」【アーセンウェア】
porcelain 「磁器」【ポーセリン】
duration 「(時間の) 長さ」
desired outcome 「期待する効果」

Earthenware and Porcelain Products

\\\\ 日本語で確認 //

有名な工房がたくさんある

さわり　京都には独自の工程を用いた陶磁器を制作する工房が数多くあります。

詳しく　陶器は土の粘土から、磁器は石粉をこねたものからできています。日本語の陶磁器という言葉には両方の意味が含まれます。

補足　加熱する温度と時間は、材料とどのような仕上がりを望むかによって異なります。有名な楽焼はろくろを用いず人間の手だけで形を作ります。楽焼は16世紀に茶道とともに発展しました。

第6章　京都のおみやげ

＋ キーワード & ワンポイントアドバイス

　陶器と磁器の違いはよく話題になるので、本文のように簡単な説明を覚えておくと便利です。模様をつける「顔料」の英訳は pigment、「窯」は kiln【キ ln】。
162 ページ「清水焼」参照。

185

漆器

\\\\ 英語で言ってみよう //

Elegant, but strong.

さわり Kyoto's lacquerware is considered artwork more than tableware. People in Kyoto use lacquerware on special occasions like celebration of the New Year holidays.

詳しく Authentic Kyoto lacquerware makers use thin wood for the structure and apply multiple layers of lacquer. Intricate drawings are made on the lacquered surface, and gold or silver powder is sprinkled before the drawings dry.

補足 Because of the many steps performed by skilled artisans, Kyoto lacqureware is very durable. Even though it looks delicate, it can last for generations.

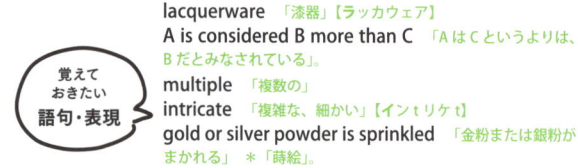

覚えておきたい語句・表現

lacquerware 「漆器」【ラッカウェア】
A is considered B more than C 「AはCというよりは、Bだとみなされている」。
multiple 「複数の」
intricate 「複雑な、細かい」【インtリケt】
gold or silver powder is sprinkled 「金粉または銀粉がまかれる」 *「蒔絵」
durable 「耐久性がある」

Lacquerware

\\\\　日本語で確認　//

優美で、丈夫

さわり
京都の漆器は、食器というよりは、芸術品であるとみなされています。京都の人は、新年の祝いなど、特別な機会に漆器を使います。

詳しく
本物の漆器を作る京都の制作者は、構造に薄い木を使い、何層にも漆を塗ります。漆を塗った表面に、金粉または銀粉をまいた細かい模様が施され、それから乾かされます。

補足
熟練した専門職人がたくさんの工程を経て作るため、京都の漆器はとても長持ちします。繊細に見えるかもしれませんが、何世代もの使用に耐えることがあるのです。

✚ キーワード ＆ ワンポイントアドバイス

西洋では、スープからデザートのお皿、カップまで、同じメーカーで同じ柄の陶磁器で出されることが高級とされるのに対し、日本では In a Japanese course meal, we enjoy different types of plates and bowls, such as lacquerware, ceramics or bamboo.（日本のコース料理では、漆器、陶磁器、竹細工など、さまざまな種類の皿や椀を楽しみます）と話すといいでしょう。

扇子

\\ 英語で言ってみよう //

Products of fine art.

さわり Kyoto is the center of production for *sensu*, or Japanese folding fans. *Sensu* are used in tea ceremonies and traditional dance performances as a visual art form. It is also used as an accessory for *kimono*.

詳しく Buying *sensu* that have beautiful paintings on them is just like buying artistic paintings, and they make great decorations for your home.

補足 *Sensu* come in a variety of styles and prices. The fan can also give you a much-needed cool breeze during the humid summer of Kyoto!

覚えて
おきたい
語句・表現

folding 「折りたたみ式の」
as a visual art form 「ビジュアルアート形式のひとつとして」
A make (s) a great B for C 「AはCにとってとてもすてきなBになる」
A come (s) in B 「AはBの状態で提供される」
much-needed 「とても必要とされている」

Folding Fans

\\\ 日本語で確認 ///

一級美術品もある

さわり 京都は、折りたたみ式の日本のうちわである扇子作りの中心地です。扇子は、茶の湯、能楽や伝統的な日本舞踊のビジュアルアートの一環を成しています。また、着物のアクセサリーにもなります。

詳しく 美しい絵の施された扇子は、絵画を買うのと同じようなもので、とてもすてきな、家の装飾になります。

補足 扇子にはさまざまな種類と値段があります。もちろん、あおいで風を起こすのにも使いましょう。蒸し暑い京都の夏には欠かせませんよね。

第6章 京都のおみやげ

✚ キーワード ＆ ワンポイントアドバイス

外国人に What's the best souvenir from Kyoto?（京都みやげは何が一番いいと思う？）と聞かれたとき、筆者はよく扇子を挙げます。もらう側に喜んでもらえるのはもちろんのこと、コンパクトで軽いため、飛行機でも持って帰りやすいおみやげであるためです。

お香

\\ 英語で言ってみよう //

How about taking home a fragrance of Kyoto?

さわり More than 1,000 (one thousand) years ago in Kyoto, the noble people of the imperial court played a game called *ko-awase*. In this game, they would pass around incense sticks and identify them just from their fragrance.

詳しく Later, between the 14th (fourteenth) and 16th (sixteenth) centuries, a ritual called *ko-do*, or the incense ceremony, was established based on *ko-awase*. In *ko-do*, participants follow certain procedures to enjoy the fragrance of incense.

補足 Among the plants often used in insence are sandalwood and aloeswood. Older plants have subtler fragrance and are more expensive.

覚えておきたい語句・表現

incense	「お香」【インセンs】アクセントの位置に注意。
fragrance	「芳香」【fレイg ランs】
noble people	「貴族」＊ aristocrats と同義語。
incense stick	「線香」
identify	「識別する」
sandalwood	「白檀」【サンdlウッd】
aloeswood	「沈香」【アロウzウッd】＊「アロエ」は【アロウ】

Incense

\\\\　　**日本語で確認**　//

京都の香りをもって帰ろう

さわり
1,000年以上の昔、京都では宮廷の貴族たちが「香合わせ」という遊びをしていました。これは、香をまわし、きくだけで、それが何の香であるのかを当てるという遊びです。

詳しく
その後、14世紀から16世紀の間に、「香合わせ」を基盤として「香道」と呼ばれる儀式が確立されました。出席者が一定の作法に従い、香をきくことを楽しむものです。

補足
よく用いられる植物の中に、白檀と、沈香があります。植物が年季の入ったものであればあるほど、香りが繊細で、値段も高くなります。

＋ キーワード ＆ ワンポイントアドバイス

　筆者はカナダの自宅で、京都から持って帰るお香のほか、北米のエスニック小物店で売っているインド産などのお香を買って焚くことがありますが、同じ植物でも京都のお香の方が繊細な香り（a more subdued fragrance）である印象です。Please use it for aroma therapy.（アロマテラピーに使ってくださいね）と話してもいいでしょう。

　清水焼や京焼の香炉（incense burner）もすてきなおみやげです。162ページ「清水焼」参照。

竹細工

\\ 英語で言ってみよう //

Add a touch of Japan to your home.

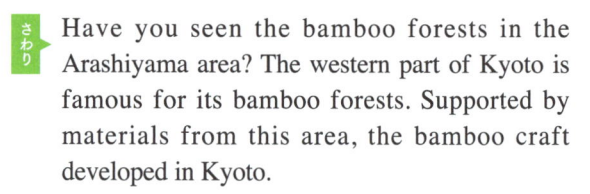

さわり
Have you seen the bamboo forests in the Arashiyama area? The western part of Kyoto is famous for its bamboo forests. Supported by materials from this area, the bamboo craft developed in Kyoto.

詳しく
You will find beautiful works of bamboo craft used in *kaiseki* course meals, tea ceremonies, and flower arrangement. Some traditional houses use bamboo shades as exterior window coverings.

補足
In the past, bamboo was used wherever people use plastic today. In Kyoto, craftsmen have been making various items including baskets, bags, and vases, making use of the bamboo's flexibility.

覚えておきたい語句・表現

supported by A 「Aに支えられて」
bamboo shade 「すだれ」
exterior window covering 「屋外の窓カバー」 ＊すだれの機能の説明。【イ ks ティアリア】
wherever [sv] 「[sv]するところならどこでも」
making use of A 「Aを利用して」

Bamboo Crafts

日本語で確認

家に和風の飾りはいかが?

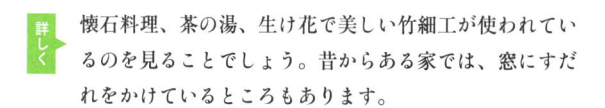

さわり
嵐山の竹林をご覧になりましたか? 京都の西部は竹林で有名です。この地域でとれる竹に支えられて、京都の竹細工は発展してきました。

詳しく
懐石料理、茶の湯、生け花で美しい竹細工が使われているのを見ることでしょう。昔からある家では、窓にすだれをかけているところもあります。

補足
現代人がプラスチックを用いるところは、かつて竹でまかなわれていました。京都では、竹職人が、竹のしなやかさを利用してバスケット、かばん、花瓶などを制作してきました。

第6章 京都のおみやげ

✚ キーワード & ワンポイントアドバイス

世界の家庭で、竹製のランチョンマット、すだれ、竹かごなどがすてきに使われているのを見かけることがあります。インテリアや食卓、ファッションで、竹細工はおしゃれなアクセントになるだけでなく、どの国のスタイルともうまく融合します。持ち運びに際し、軽さも魅力です。

193

骨董品

\\ 英語で言ってみよう //

Maybe you'll find a hidden treasure.

さわり On Shinmonzen Street in the Gion area and on Teramachi Street south of the Old Imperial Palace, you will find many shops that sell antiques.

詳しく They sell old scroll paintings, tea ceremony utensils, lacquerware, and small crafts such as *netsuke,* which is a kind of toggle used to fasten small containers to a *kimono* sash.

補足 *Netsuke* is made of ivory or wood, and ones that are elaborately sculpted are popular among art collectors throughout the world. If you have good eyes, you might find treasures that are worth entering in a museum collection!

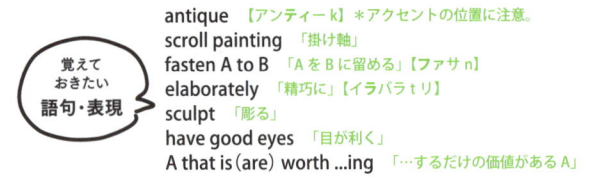

覚えておきたい語句・表現

antique 【アンティー k】＊アクセントの位置に注意。
scroll painting 「掛け軸」
fasten A to B 「AをBに留める」【ファサ n】
elaborately 「精巧に」【イラバラtリ】
sculpt 「彫る」
have good eyes 「目が利く」
A that is (are) worth ...ing 「…するだけの価値があるA」

Antiques

日本語で確認

貴重な掘り出し物が見つかるかも

さわり 祇園の新門前通りと、京都御所の南に延びる寺町通りには、骨董品店がたくさん軒を並べています。

詳しく 古い掛け軸、茶道具、漆器や、根付のような小さな工芸品が売られています。根付とは、着物の帯に小さな入れ物を留めるためのトグルの一種です。

補足 根付は象牙や木で作られており、精巧に彫刻されたものは世界中の芸術品コレクターに人気です。目の利く人は、美術館に収蔵されるほどの価値ある宝を見つけることができるかもしれません。

第6章 京都のおみやげ

➕ キーワード ＆ ワンポイントアドバイス

筆者の実家は古い家なのですが、今でも「売りたい古家具や小物などがあれば、うちにお電話を」という趣旨の骨董商からのおうかがいメモが時々入っています。京都の昔からの生活の香りがする骨董品を集めているわけです。

和紙

\\\\ 英語で言ってみよう //

It uses less chemicals than Western paper.

さわり In the West, pulp is the main material used to make paper. *Washi*, which is Japanese paper, uses other kinds of fibers from plants such as hemp and bamboo.

詳しく Although it's sometimes called "rice paper" in English, rice is used only sometimes. Generally, creation of *washi* requires less chemicals compared to Western paper and involves more manual processing.

補足 The Japanese have been using paper since the seventh century. Since then, *washi* making has developed together with calligraphy and art. The Japanese have been using *washi* to make lanterns, fans, and interior doors as well.

覚えて おきたい 語句・表現
- hemp 「麻」
- manual 「手仕事の」
- processing 「処理」
- calligraphy 「書道」【カリgラフィ】アクセントの位置に注意
- lantern 「ちょうちん」【ランタn】
- interior doors 「屋内のドア→ふすまや障子」

Japanese Paper

\\\\　　　**日本語で確認**　　//

洋紙ほど化学薬品を使わない

さわり
西洋では、紙作りの主な材料はパルプです。日本の和紙は、麻や竹など、異なる種類の繊維を使っています。

詳しく
和紙は、英語で「ライスペーパー」と呼ばれることがありますが、稲はたまに用いられるだけです。通常、和紙は洋紙より化学薬品の使用が少なく、手仕事が多くなっています。

補足
日本では、7世紀から紙が使われてきました。それ以来、紙すきは書道や芸術とともに発展してきました。日本人は和紙を用いて、ちょうちん、扇子、そしてふすまや障子などを作ってきました。

第6章　京都のおみやげ

＋ キーワード ＆ ワンポイントアドバイス

　京都では、観光客が和紙をすくことのできるワークショップが開催されています。In Kyoto, you will find *washi* shops and workshops where you can make your own *washi*. Wanna go?（京都では和紙の店やワークショップで手作りができるんです。行ってみない？）と誘ってみては。

197

お守り

\\ 英語で言ってみよう //

There are many kinds to bring you good luck.

さわり　Temples and shrines in Japan sell *omamori*, or good luck charms. The charm is usually made into a small piece of paper or wood and sold in an embroidered cloth bag. Sometimes, you will find a key-chain type.

詳しく　There are many kinds of *omamori*. For example, you can buy an *omamori* for your oriental zodiac sign for general good luck.

補足　Other kinds include ones for success in schoolwork or in relationships. Also, the ones for traffic safety are popular among car drivers.

覚えておきたい **語句・表現**

good luck charm 「お守り」
embroidered 「刺しゅうを施した」【インbロイダd】
key chain 「キーホルダー」
oriental zodiac sign 「干支」【ゾウディアk】
a lucky charm for success in schoolwork
ここでは「学業のお守り」
a lucky charm for success in relationships
ここでは「縁結びのお守り」
traffic safety 「交通安全」

Good Luck Charms

\\\ **日本語で確認** ///

幸運をもたらす、さまざまな種類がある

さわり 日本の寺と神社ではお守りが売られています。お守りは通常、小さな紙切れか木片として作られ、刺しゅうを施した布の入れ物に入れて売られています。キーホルダータイプのものもあります。

詳しく お守りにはさまざまな種類があります。たとえば、全般的な幸運を願って、自分の干支のお守りを買うことができます。

補足 ほかの種類に、学業や縁結びのお守りがあります。また、車を運転する人の間では交通安全のお守りも人気です。

第6章 京都のおみやげ

＋ キーワード ＆ ワンポイントアドバイス

日本の神社や寺は、ある意味、異教徒による参拝にオープンですので（もちろん、抵抗を示す人に強制はできませんが）、They welcome you to pray or buy these souvenirs even if you're not Buddhist or Shintoist. （仏教徒や神道徒でなくても、参拝したりこういったお土産を買ったりすることは歓迎されています）と説明するといいでしょう。

藍染

\\\\ 英語で言ってみよう //

It becomes more beautiful with use.

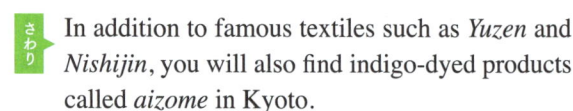

さわり In addition to famous textiles such as *Yuzen* and *Nishijin*, you will also find indigo-dyed products called *aizome* in Kyoto.

詳しく One way to enjoy *aizome* is to wear *samue*, which are work clothes for apprentices of Buddhist monks. Unlike traditional kimono, they are practical and easy to put on. A *samue* is very light, so it allows you to move easily. It is ideal for wearing in the house.

補足 If it's authentic *aizome*, even the "washed-out" blue is very nice. You can enjoy the beautiful indigo blue for a long time even after washing your *samue* many times.

覚えておきたい語句・表現

indigo 「藍」
work clothes 「作業着」
practical 「実用的な」
put on 「(衣類を)着る」
washed-out 「色あせた、くたびれた」 ＊I like the washed-out type for jeans.(ジーンズは色あせたものが好き)など。

Indigo dyeing

\\\ **日本語で確認** ///

使えば使うほど、美しくなる

さわり 友禅染や西陣織のような有名なファブリックに加え、京都には藍染と呼ばれる、染物製品があります。

詳しく 藍染を楽しむ方法のひとつは、作務衣を着ることです。作務衣は、仏教の修行僧の作業着です。従来の着物と異なり、実用的で着やすいのです。とても軽いので、動きやすく理想的な部屋着となります。

補足 本物の藍染だと、「色あせた」ブルーがとてもきれいです。何度も洗った後でも、美しい藍色を長い間楽しむことができます。

第6章 京都のおみやげ

➕ キーワード ＆ ワンポイントアドバイス

日本に住んだことがあったり、日本人が奥さんだったりする北米人男性はよく、夏には作務衣や甚平(じんべい)（something like a *samue* with shorts）、冬には綿入り半てん（winter house jacket）を部屋着として着ています。エスニック風の部屋着でおしゃれな感じがする一方で、機能的なのでしょう。

201

column

古い町・京都、若い国・カナダ

　私の住むトロントの町は、(先住民をのぞけば) 歴史を200年強しかさかのぼれない若い町で、世界中からの移民で構成されており、数年も住んでいれば「トロント人 (Torontonian)」と呼ばれます。一方、出身地の京都はご存知のように古い町で、どちらかの親が京都出身でないと「生粋」とは言われません。私は生まれも育ちも京都市上京区と中京区ですが、母親が山口県出身なので、「生粋の京都人」ではありません。

　住む場所にトロントを選んだのは、生まれ育った京都では得ることの難しかった自由を無意識に求めていたからかもしれません。実際、トロントに住み始めた頃の私は、「因習にさいなまれない」という開放感で喜々としていました。

　しかし、本書のために京都を取材するたび、ホームシックになります。そして、京都が自己帰結せず、日本全国そして海外に自分たちの文化を発信しようとする気概を感じ、京都人として心底役立ちたいと、故郷のために胸が熱くなります。

　京都の人が「京都ブランド」に依存しすぎず、街で長年育まれてきた生活の美を大切にし続けていくことは、世界の大切な人間の文化のひとつを守っていくということなのだろう、そのためには、日本人自身がKyotoを魅力的に、かつわかりやすく英語で発信しなければ──。本書はそんな気持ちで書きました。

日本語から引く英語表現

あ行

藍染	200
葵祭	136
赤トウガラシ	77
揚げ麩	67
麻	196
足利義満	101
味付け	56
あずき	78
尼	53, 57, 170
嵐山	90, 151, 172, 193
嵐山蔵王権現	151
嵐山もみじ祭	151
歩き方	24
あんこ	66
アンティーク	152, 194
いけず	48
生け花	47, 166
石畳	112
石灯篭	33
一見さんお断り	39
1万円札	133
一力亭	88
井戸	50
井戸水	69
稲荷駅	91
稲荷大社	91, 130
今出川御門	89
今出川通り	89
ウグイス張り	117
宇治	81
宇治駅	91
宇治茶	81
宇治平等院	132
うす味	53
歌	151
謡曲	154
打ち水	47
うちわ	189
うどん	77
ウナギ	61
ウナギの蒲焼	77
うなぎの寝床	33
旨み	61
占い	176
漆	186
運河	106
干支	198
江戸時代	117
江戸前	61
エビ	61
縁日	153
縁結び	198
延暦寺	71
お稲荷さん	91
大堰川	151
扇	188
大阪城	131
大阪人	43
大谷本廟	87
大原	65, 90, 126
大晦日	41
お菓子	78
奥行き	33
小倉百人一首	123
贈り物	182
お香	190
お酒	51, 82, 176
押小路通り	89
お地蔵さん	41
お吸い物	55, 71
おすまし	73
お雑煮	41
お総菜	59
お出し	65, 72
お茶屋	39, 113, 115
お茶	51, 79, 80, 164
お月見	142
おどり	35
おばんざい	58
帯	34, 195
お麩	66
お盆	141
お守り	198
おみくじ	176
おもてなし	46
折りたたみ式	188
織物	161
温泉	174
温度	26

か行

会席	55
懐石料理	47, 55, 69
海草	73
階段箪笥	33
回遊式庭園	100, 105
かがり火	140
かかり湯	174
家系図	43
掛け軸	194
菓子	78
かつおぶし	72
桂川	90
家庭料理	58
華道	115, 166
かなん	48
蒲焼	63
花瓶	193
カフェイン	81
かぼす	73
窯	185
紙	196
上賀茂神社	145

203

紙すき	197	京都人	42	国立博物館	86
亀岡	173	京都大学	19	苔	102
鴨川、賀茂川		京都弁	45	苔園	127
	86, 88, 89, 112, 177	京の台所	111	五山の送り火	140
賀茂なす	53, 59	京野菜	52	御所	89, 108
賀茂祭（葵祭）	136	玉露	81	五条通り	87
賀茂御祖神社（下鴨神社）		清水寺	87, 96	骨董品	195
	145	清水の舞台	97	骨董品街	89
殻	76	清水焼	162	古典文学	154
からしみそ	63	去来	125	古都	19
烏丸通り	86, 88, 89	金閣寺	87, 100	ことば	44
枯山水	103	銀閣寺	88, 104, 107	碁盤の目	22
観月	142	吟醸酒	82	呉服	180
観月の夕べ	142	吟醸米	82	ゴマ	77
関西弁	45	金粉	186		
元日	41	銀粉	186	**さ行**	
観音	95	空海	153	祭祀	108
気温	27	九条ネギ	53, 59	菜食	53
祇園	35, 88, 114, 195	鞍馬温泉	174	祭神	149
ギオンコーナー	88, 115	鞍馬の火祭	148	最澄	71
祇園ばやし	139	鞍馬山	175	蔵王権現	151
祇園祭	138	蔵元	82, 177	堺町御門	89
気候	26	景観	92	桜	106, 173
奇祭	148	芸妓	34, 113, 115	酒	51, 82, 111, 177
貴族	42, 121, 190	京阪	91	酒づくり	82
北野天満宮	153	迎賓館	89, 121	刺身	55
北山鹿苑寺（金閣寺）	100	京福嵐山駅	90	座禅	37, 168, 171
生粋	43	袈裟	171	坐像菩薩	95
祈祷	170	ケルン	20	茶道（さどう）	47, 55, 79, 81,
きなこ	78	源氏	129		115, 164, 189
貴船	175	源氏物語	137	悟り	31
貴船神社	176	建仁寺	88	サバ	60
着物	158, 160, 189, 201	建礼門院	64, 128	さび	105, 125
きゅうり封じ	134	香	190	作務衣	201
京懐石	54, 79	香合わせ	191	侍	117
京菓子	79	皇居	108	三十三間堂	86, 94
狂言	151, 154	皇后	128	山椒	76
鏡湖池	101	格子	32	三条大橋	88
凝固剤	68	香辛料	77	三条通り	88
京ことば	44	硬水	51	三千院	90, 126
京だし	72	高層ビル規制	23	三大奇祭	148
京漬物	64	高台寺	87	三大祭	137, 139
京豆腐	69	高たんぱく	67	産寧坂	87
京都駅	25, 86, 91, 92	交通安全	198	散歩道	107
京都御苑	89, 120	交通安全のお守り	198	寺院	29
京都迎賓館	89, 121	香道	191	塩小路通り	86
京都国立博物館	86	弘法さん	152	磁器	163, 184
京都御所	89, 121	香炉	191	地主神社	98
京都三大祭	137	国宝	31	四条大橋	88
		極楽浄土	132	慈照寺（銀閣寺）	104

204

四条通り	88
シソ	65
地蔵盆	41
時代祭	146
七条通り	86
七味	76
漆器	186, 195
湿度	27
柴漬け	65
姉妹都市	21
下鴨神社	144
釈迦	30
寂光院	90, 128
写仏	171
砂利	102
10円玉	133
十三参り	41
宗派	56
重要文化財	31
修行僧	201
熟成	74
宿泊	36
宿坊	36
守護神	95
数珠	170
出家	128
首都	21
旬	54, 57
純米酒	83
相国寺	89
障子	196
常寂光寺	90, 124
精進料理	37, 53, 56, 57, 69
醸造酒	83
しょうゆ	57
条例	23
食器	163
書道	196
白川通り	88
白みそ	41, 74
新幹線	93
人口	19
真言宗	153
神社	28
神社仏閣	28
神水	176
神泉苑	89
神道	29, 145, 199
神道と仏教	29
甚平	201

新丸太町通り	90
新門前通り	195
吸物	55, 71
寿司	61
すだち	73
すだれ	192
スパイス	77
酢みそ	63
酢飯	61
世阿弥	155
西安	20
正座	164
精神修行	56
世界遺産	18, 145, 154
石庭	103
せともの（陶磁器）	184
禅	102, 168, 169
線香	190
千手観音	95
染色	159
扇子	188, 196
先端産業	19
煎茶	81
禅庭	103
禅哲学	102
禅寺	101, 169
遷都	147
仙洞御所	89, 121
禅仏教	169
千本鳥居	131
惣菜	59
贈答品	183
雑煮	41
僧侶	53, 57, 169
底冷え	26
そば	77
染物	159, 200

た行

大覚寺	142
大豆	69, 75
第二次世界大戦	20
松明	149
大名	118
大文字焼き（五山の送り火）	140
高さ規制	93
高野川	89
竹	192, 196
竹細工	187, 192

竹林（たけばやし）	124, 193
たこ焼き	153
出し	65, 72
だらりの帯	35
地下水	51, 82
地下鉄	25
竹林（ちくりん）	124, 193
茶	51, 79, 80, 164
茶室	105
茶道（ちゃどう）	47, 55, 79, 81, 115, 164, 189
茶道具	195
茶の湯	47, 55, 79, 81, 115, 164, 189
中国茶	81
長安	22
ちょうちん	196
月見	142
造り（刺身）	55
漬物	64, 111
低脂肪	67
手織り	160
哲学の道	88, 106
出町柳駅	91
寺町通り	88, 195
天気	26
天神さん	152
伝統芸	34
天皇	121
天部	31
でんぶん	79
天龍寺	90
トウガラシ	77
陶器	163, 184
陶器祭	163
東京人	43
東京出し	73
陶芸	163
東山慈照寺（銀閣寺）	104
東寺	131
陶磁器	163, 184
同志社	89
豆乳	71
豆腐	51, 57, 68, 111
豆腐づくり	69
灯ろう流し	141
渡月橋	90, 122, 151
鳥居	131

205

な行

内陸	52
中庭	32
ナス	65
生魚	61
生麩	66, 79
生八橋	79
生ゆば	71
なまり	44
奈良の大仏	131
ならわし	40
軟水	51, 69
南禅寺	88, 107
にがり	69
にぎり寿司	61
錦市場	88, 110
錦小路通り	88
西陣織	147, 160, 161
西陣織会館	161
西田幾太郎	107
西本願寺	86
二条城	89, 116
二条陣屋	89, 118
尼僧	53, 57, 170
尼僧体験	170
二年坂	87
日本三大祭	139
日本酒	51, 82, 111, 177
日本茶	80
如来	31
人間国宝	31
忍者ハウス	119
任天堂	19
仁和寺	87
ぬか	64
ネタ	61
根付け	195
ねねの道	87
寝巻き	181
粘土	185
能	151, 154
納涼床	113
野宮神社	90
のみの市	152
糊おき	159

は行

ハイキング	174
俳句	125
俳人	125
梅肉	63
博物館	86
箱寿司	60
芭蕉	125
バス	25
花街	115
花	167
花見小路通り	88
鱧（はも）	62
パリ	21
針供養	134
番茶	81
半てん	201
東今出川通り	88
東大路通り	86, 87
東本願寺	86
人	42
火祭	148
平等院	91, 132
琵琶湖	107
琵琶湖疏水	107
麩	66
フィレンツェ	20
服装制限	29
武士	117, 118
伏見	83
伏見稲荷大社	91, 130
藤原家	133
ふすま	196
普通酒	83
仏閣	28
仏教	28, 29, 41, 169, 190
仏教徒	199
仏像	30, 127
舟遊び	151
プラハ	20
古家具	194
風呂	175
風呂敷	182
ふんどし	148
平安京	109
平安神宮	88, 108, 147
平均気温	27
平家	129
平家物語	128
平氏	129
鳳凰堂	133
方言	44
宝泉院	90
包丁	62
鉾	139
菩薩	31, 95, 127
干しゆば	71
ボストン	21
保津川下り	172
仏	30, 95, 127
堀川通り	86, 89
盆	141
本州	22
本醸造酒	83
盆地	26
本堂	97
先斗町	88, 112
本丸御殿	117

ま行

舞妓	34, 113, 115
巻き物	71
町家	33, 47, 113, 139
松尾芭蕉	125
抹茶	79, 81
祭	136, 138, 146
祀る	108
丸太町通り	88
満月	143
ミカン	76
みくじ	176
水	50, 176
水占みくじ	176
水の神	177
みそ	57, 74
みそ汁	75
みそ漬け	75
南座	88
明王	31
民宿	33, 37
無	169
向井去来	125
無形世界遺産	154
虫払い	134
名水	51
瞑想	169
メープル	151
面積	25
木造建築	32, 37
餅	67
もみじ	151
もみじ祭	150

や行

野外のみの市	153
焼き麩	67
焼物（食べ物）	55
焼き物（陶磁器）	163, 184
野菜	52
八坂神社	41
屋敷	118
屋台	152
八つ橋	79
流鏑馬神事	144
山鉾	139
山鉾巡行	139
飲茶	71
有清園	127
友禅染	147, 158
床	113, 117
浴衣	181
由岐神社	149
柚子	57, 73
ユネスコ世界遺産	19, 145, 154
ゆば	70
湯引き	63
宵山	139
謡曲	154

ら行

洛西	123, 173
落柿舎	90, 124
楽焼	185
律川	90
流派	167
龍安寺	87, 102
料亭	38, 47, 111, 115
旅館	36
緑茶	80, 165
霊	141
蓮華王院（三十三間堂）	94
呂川	90
鹿苑寺（金閣寺）	100
ろくろ	185
六角堂	167
露店	153
露天風呂	175

わ行

ワークショップ	159, 161, 163,
和歌	151
和菓子	78
和紙	196
和食器	55, 163, 185, 187
綿菓子	153
わび	105, 125
わびさび	105, 125
和服	158, 160, 180, 201
わらび粉	78
わらび餅	78
をけら参り	41

207

広瀬直子（ひろせ なおこ）

翻訳者、ライター。同志社大学、同志社女子大学の非常勤講師。同志社女子大学卒業（英文）。トロント大学修士課程修了（翻訳）。20代の頃、英文の京都・大阪観光情報誌の編集者として経験を積む。その後、カナダのトロントに四半世紀在住。現地では翻訳会社を経営し、カナダの公認翻訳者資格も所持している。さらに、トロント大学の継続学習スクールでは、英日・日英翻訳の講師を務めた。『日本のことを1分間英語で話してみる』(KADOKAWA)、『改訂版 みんなの接客英語』(アルク) など多数の語学書を執筆。

英文アドバイザー
ケートリン・グリフィス（Caitilin Griffiths）

カナダ生まれ。8〜15歳を関西で過ごした。トロント大学修士課程修了（日本中世史）。現在、トロント大学で日本史を教える。

坂田晴彦（さかた はるひこ）

トロントの語学サービス会社 KAN コミュニケーションズ共同経営者。東京大学工学部修士課程修了。英文エディター。英日、日英公認翻訳者。

中経の文庫
1分間英語で京都を案内する

2014年　3月28日　第1刷発行
2025年　4月20日　第7刷発行

著　者　**広瀬直子**（ひろせ なおこ）
発行者　**山下直久**
発　行　**株式会社KADOKAWA**
　　　　〒102-8177 東京都千代田区富士見2-13-3
　　　　電話 0570-002-301（ナビダイヤル）

DTP ニッタプリントサービス　　印刷・製本 TOPPANクロレ

●お問い合わせ
https://www.kadokawa.co.jp/（「お問い合わせ」へお進みください）
※内容によっては、お答えできない場合があります。
※サポートは日本国内のみとさせていただきます。
※Japanese text only

定価はカバーに表示してあります。

本書の無断複製（コピー、スキャン、デジタル化等）並びに無断複製物の譲渡及び配信は、著作権法上での例外を除き禁じられています。また、本書を代行業者などの第三者に依頼して複製する行為は、たとえ個人や家庭内での利用であっても一切認められておりません。

©2014 Naoko Hirose, Printed in Japan.
ISBN978-4-04-600253-2　C0182